──── 10대를 위한 ────

비트코인과
화폐의 역사

청소년이 꼭 읽어야 할 과거·현재·미래 사회의 돈 이야기!

─── 10대를 위한 ───

비트코인과 화폐의 역사

김지훈(제이플레이크) 지음

체인지업
CHANGEUP

돈이 어떻게 움직이는지 이해하면
똑똑하게 다룰 수 있어!

안녕! 나는 제이 선생님이라고 해.

너희가 지금 이 책을 집어 들고 이 프롤로그를 읽고 있다는 건 아마도 비트코인이라는 신기한 단어에 이끌렸거나 돈이 도대체 뭐 길래 세상이 이렇게 돌아가는지 궁금하기 때문일 거야. 나도 너희 나이일 때는 돈이 뭔지, 어떻게 움직이는지 전혀 몰랐어. 그런데 커 가면서 깨달았어. 돈을 제대로 이해하지 못하면, 나중에 살면서 돈 에 끌려다닐 수도 있다는 거야.

나는 한국에서 아이를 셋이나 키우는 부모이기도 해. 우리 아이 들에게 내가 늘 바라는 건 하고 싶은 걸 마음껏 하면서 사는 거야. 하고 싶은 게 있다고 하면 언제나 "좋아, 해 봐!" 하면서 응원해 주 는 편이야. 그럼에도 세상 살아가는 데 꼭 필요한 건 반드시 알려주 고 싶은 욕심이 있어. 그중에서도 돈과 금융이 어떻게 작동하는지 는 일찍 제대로 알려주고 싶어.

내가 처음 사회에 나와 일을 시작했을 때는 은행 통장에 차곡차 곡 돈을 넣어두면 이자가 쌓이고, 그게 최고의 금융 활동인 줄 알

왔어. 그러다 시간이 지나면서 주식도 해보고, 투자가 뭔지도 하나씩 알아갔어. 물론 실패도 많이 했어. 돈을 잃기도 하고, "아, 내가 왜 이렇게 했을까?" 후회도 했지. 하지만 그 과정을 통해 점점 돈이 어떻게 움직이는지, 세상에서 어떻게 쓰이는지를 알게 됐어.

그러다 비트코인을 알게 되면서 진짜 돈의 본질을 깊이 고민하게 됐어. 비트코인은 디지털 세상에 존재하는 새로운 돈이야. 처음엔 "이게 뭐야? 진짜 돈도 아닌데?"라고 생각했는데, 왜 비트코인이 만들어졌는지, 왜 어떤 사람은 열광하고 또 어떤 사람은 싫어하는지 공부하다 보니 놀라운 사실이 보이기 시작했어. 또 우리가 매일 쓰는 돈이 어떻게 만들어지고, 어떤 장점이 있고, 어떤 문제가 있는지도 알게 됐지. 그때 깨달았어. 돈을 제대로 이해하면, 돈에 휘둘리지 않고 오히려 돈을 잘 이용할 수 있다는걸.

이 책을 쓴 이유는 너희들에게, 또 내 아이들에게 이 이야기를 꼭 전하고 싶어서야. 이 책을 읽으면서 돈과 화폐가 어떤 과정을 거쳐 지금의 모습이 됐는지, 그리고 앞으로 어떻게 변해갈지 알아가면 좋겠어. 비트코인은 그걸 이해하는 하나의 열쇠야.

너희가 이 책을 읽고 나면 돈이 뭔지, 왜 중요한지 조금은 알게 될 거야. 돈은 우리 삶에서 중요한 도구임을 이해하는 것이 무엇보다 중요해. 나중에 크면 돈에 휘둘리지 않고 돈을 똑똑하게 다룰 수 있을 거라고 믿어.

자, 이제 그럼 비트코인과 화폐의 세계로 함께 떠나볼까? 제이 선생님이 쉽고 재미있게 안내해 줄게!

지은이 김지훈(제이플레이코)

차례

머리말 돈이 어떻게 움직이는지 이해하면 똑똑하게 다룰 수 있어! 004

1장

세계를 움직인 돈의 힘

6장

디지털 사회가 가져올 세상의 변화

1장

세계를 움직인 돈의 힘

화폐의 역사 : 조개껍데기부터 디지털 화폐까지

이 책의 주제인 비트코인과 미래의 돈에 관해 본격적으로 이야기하기에 앞서 여기서는 먼저 우리가 매일 쓰는 '돈'에 대해 이야기해 보려 해. 요즘은 지갑 속 지폐나 휴대폰에 저장해 둔 카드로 물건을 쉽게 살 수 있지? 그런데 아주 오래전엔 돈이라는 개념 자체가 없었어. 그렇다면 당시 사람들은 어떻게 물건을 사고팔았을까?

바로 물물교환을 통해서야. 서로에게 필요한 물건을 직접 주고받은 거지. 예를 들어, 먼저 한 사람이 이렇게 말을 건넸겠지. "내가 잡은 물고기를 줄게. 대신 네가 키운 닭을 나한테 줘!" 마침 물고기가 필요한 사람이 닭을 내주고 물고기를 건네받으며 거래가 시작된 거야.

그런데 여기엔 커다란 문제가 있었어. 만약 "난 물고기가 필요 없어! 토끼 가죽이나 쌀이 더 필요해."라고 말하는 사람만 있다면 어떻게 됐을까? 서로 물건을 바꿀 수 없었겠지. 또 무거운 물건을 직접 들고 다니면서 바꿀 사람을 찾는 것도 매우 불편했을 거야.

그래서 사람들은 고민 끝에 이런 생각을 떠올렸어.

"우리 모두 공통으로 사용할 물건을 정하자!"

화폐의 등장

그렇게 등장한 게 바로 조개껍데기 화폐였어. 조개껍데기는 반짝이는 외양과 견고성 때문에 사람들이 귀하게 여겼어. 모두가 귀하게 생각하니까 지금의 돈처럼 사용할 수 있었지. 조개껍데기에 구멍을 뚫고 줄로 묶어서 물건을 사고팔 때 사용하기도 했어.

하지만 시간이 지나고 거래가 점점 늘어나자 더는 조개껍데기만으로 모든 거래를 처리할 수 없게 되었어. 게다가 조개껍데기는 멀리 옮기기도 불편했지. 사람들은 좀 더 튼튼하고 가지고 다니기 좋

→ 고대 사회에서 화폐로 사용된 조개껍데기
　(출처: 국립중앙박물관)

은 돈을 궁리했어. 바로 금이나 은 같은 금속으로 동전을 만들기 시작한 거야. 동전은 녹슬지도 않고, 일정한 모양을 만들기 쉽고, 무게로 가치를 정할 수도 있어서 돈으로 안성맞춤이었지. 이때부터 사람들은 금이나 은으로 만든 동전으로 물건을 사고팔기 시작했어.

그런데 금속으로 된 동전을 쓰다 보니 새로운 문제가 생겼어. 생각보다 금과 은으로 만든 동전이 너무 무거웠던 거야. 빵 같이 싼 물건을 살 때는 동전 몇 개만 있으면 되니 상관없지만, 말이나 소처럼 비싼 것을 사려면 정말 많은 동전이 필요했거든. 그래서 사람들은 금을 안전하게 보관할 수 있는 곳에 맡기기 시작했어. 오늘날 우리가 이용하는 '은행'이라고 할 만한 금 보관소였어. 이곳에서는 금을 맡아주면서 "당신이 금 10개를 은행에 맡겼다는 걸 증명합니다."라는 종이를 써 줬어. 그리고 이 종이는 사람들 사이에서 금 대신 거래할 수 있는 돈처럼 쓰이기 시작했지. 이게 바로 우리가 알고 있는 지폐의 시작이야.

금으로 바꿔드립니다! ─────────────────○

지폐가 점점 널리 쓰이면서 사람들은 더 편리하게 거래할 수 있게 되었어. 지폐는 들고 다니기 편해서 많은 돈을 한 번에 주고받을 수 있었고, 덕분에 거래가 활발해졌어. 시간이 지나면서 나라에서 지폐를 직접 만들고 관리하게 됐지. 지금도 지폐는 우리가 가장 많이 사용하는 돈이야.

시간이 흘러 근현대에 들어서며 영국의 '파운드'와 미국의 '달러' 같은 특정 국가의 돈이 세계적으로 중요한 역할을 하게 됐어. 사람들이 서로 거래할 때 기준이 되는 화폐로 자리 잡은 거야. 서로 다른 나라 간에 물건을 사고팔 때도 이 돈을 사용해야 했지.

여기서 또 한 번의 변화가 생겼어. 원래 돈은 금이나 은같이 실제 가치를 가진 물건과 연결되어 있었어. 그런데 점점 그런 연결이 없어진 거야. 대표적인 예로 우리가 알고 있는 미국의 달러를 통해 변화를 살펴보자. 달러 지폐에는 한때 이런 말이 적혀 있었어.

"이 지폐를 가져오시면 금으로 교환해 드립니다."

원하면 금으로 교환 해준다는 내용

⇢ 1920년대 미국 정부가 발행한 달러
(출처: 위키피디아)

바로 화폐의 가치를 실제 금으로 보장하는 금본위제(the gold standard)에 따른 거였지. 중앙은행이 금의 가치와 같은 가치의 화폐를 발행하고, 이 화폐를 가져오면 금으로 교환해 주겠다는 약속이었어. 하지만 미국에서 금본위제는 제1차 세계대전과 대공황을 거치며 위기를 겪어. 화폐를 금으로 교환해 주어야 했지만, 경제 위기로 인해 금보다 화폐 발행량이 많아지면서 금본위제가 약화되었지. 이후 1944년, 미국은 브레턴우즈 체제를 도입하며 달러를 금에 연계해 국제 통화의 중심에 놓았어. 하지만 베트남 전쟁의 장기화와 경제 악화로 인해 달러 가치가 떨어지고, 1971년 닉슨 대통령이 금 태환을 중단하면서 금본위제는 완전히 종료되었어.

어찌 보면 돈은 이제야 그 자체로 가치를 인정받게 된 것이라고도 볼 수 있어. 우리가 쓰는 지폐와 동전은 사실 종이와 금속 조각일 뿐이지만 사람들이 '이 돈으로 물건을 살 수 있어!'라고 믿기 때문에 돈이 된 거지.

진화하는 돈의 모습

21세기에 들어와서 돈은 또 한 번 진화했어. 바로 디지털 화폐가 등장한 거야. 이제는 돈을 직접 들고 다니지도 않고 휴대폰으로 몇 번 클릭만 하면 거래가 끝나. 심지어 비트코인 같은 암호화폐도 생겼어. 사람들이 종이나 동전, 심지어 은행 없이도 서로 믿고 거래를 할 수 있는 세상이 된 거야.

이렇게 조개껍데기에서 시작해서 금, 지폐, 그리고 디지털 화폐까지 돈의 모습은 계속 바뀌어 왔어. 앞으로는 또 어떤 돈이 등장할지 정말 궁금하지 않아? 다음 세상에는 우리가 지금 상상도 못 하는 방식으로 돈이 쓰일지도 몰라!

02

무역 :
신항로 개척 시대부터
무적함대까지

우리가 앞서 살펴본 것처럼 돈은 처음 교환 도구로 사용되기 시작했어. 하지만 시간이 흐르면서 화폐는 단순한 거래 수단을 넘어 역사 속에서 중요한 역할을 하게 되었지. 이번에는 역사의 흐름을 바꾼 돈 이야기를 해보려고 해. 먼저 돈의 흐름이 지구 전체를 돌게 만든 결정적인 계기가 된 신항로 개척 시대부터 알아보자.

세계 경제의 중심이 된 스페인

과거 유럽에서는 후추, 계피 같은 향신료를 금만큼 귀하게 여겼어. 하지만 향신료의 주요 산지인 인도와 동남아시아는 유럽과 멀리 떨어져 있었지. 게다가 오래전부터 유럽은 실크로드(Silk Road)를 통해 아시아와 교역했는데, 이슬람 상인들이 이 길을 장악하고 높은 세금을 매기면서 새로운 무역 통로를 찾아야 했어.

실크로드는 고대부터 동서양을 연결하는 중요한 무역로였지. 이 길을 따라 중국의 비단, 도자기, 차 같은 물품이 유럽으로 전해졌고, 반대로 유럽의 유리 제품과 향신료가 동쪽으로 흘러갔어. 그런데 몽골 제국이 붕괴하고 오스만 제국이 강해지면서 실크로드를 통한 무역이 점점 어려워졌고, 유럽인들은 새로운 해상 무역로를 찾아야 했던 거야.

이렇게 해서 유럽의 여러 나라들이 앞다투어 바닷길을 개척하기 시작했지. 그중에서도 포르투갈과 스페인이 가장 적극적이었어. 포르투갈은 아프리카를 돌아 인도로 가는 길을 개척했고, 스페인은 정반대 방향으로 항해하기로 했지. 우리가 잘 아는 크리스토퍼 콜럼버스(Christopher Columbus)가 바로 그 대표적인 인물이야. 콜럼버스는 인도를 찾아간다고 떠났지만, 예상과 달리 아메리카 대륙을 발견하게 되었어.

콜럼버스가 아메리카 대륙을 발견한 이후, 스페인은 아메리카 대륙 곳곳을 탐험하며 엄청난 양의 금과 은을 발견했어. 특히 지금의 볼리비아에 있던 도시 포토시(Potosí)에는 당시 세계에서 가장 거대한 은광이 있었지. 이렇게 캐낸 은은 유럽으로 보내졌고, 이후 스페인은 세계 경제의 중심이 되었어.

스페인뿐만 아니라 포르투갈도 큰 부를 쌓았어. 포르투칼 출신 탐험가 바스코 다 가마(Vasco da Gama)는 아프리카를 돌아 인도에 도착했고, 그곳에서 훨씬 싼 값에 향신료를 사들였어. 이 무역로를 독점한 포르투갈은 어마어마한 돈을 벌었지.

이런 상황에서 '세계 일주'라는 대담한 도전도 시작되었어. 마젤란(Ferdinand Magellan)이라는 탐험가는 서쪽으로 항해를 계속하면 인도에 도달할 수 있을 거라 생각했어. 그의 함대는 태평양을 건너 필리핀에 도착했고, 이후 그의 부하들이 인도를 거쳐 유럽으로 돌아오면서 인류 역사상 최초로 세계 일주를 마치게 되었지.

유럽의 경제를 바꿔 놓은 '은'

대항해 시대 이후, 아메리카에서 발견된 은은 유럽의 경제를 완전히 바꾸어 놓았어. 스페인은 남아메리카의 포토시와 멕시코에서 엄청나게 많은 은을 캐냈고, 그 은을 유럽으로 가져와서 무역에 썼어. 당시 유럽 사람들은 아시아에서 향신료, 차, 도자기, 비단 같은 물건을 사고 싶어 했는데, 이걸 사기 위해 스페인과 포르투갈에서 가져온 은을 사용했지. 특히 중국과 일본은 은을 돈처럼 사용했기 때문에, 유럽의 은이 아시아로 흘러 들어가면서 세계 무역이 더 활발해졌지.

은이 많아지면서 유럽의 경제도 크게 달라졌어. 상인들은 은을 이용해서 더 많은 물건을 사고팔 수 있었고, 유럽, 아메리카, 아시아를 연결하는 삼각 무역이 생겨났어. 유럽에서 만든 면직물과 공산품은 아프리카로 보내졌고, 그곳에서 노예와 교환되었어. 이렇게 잡힌 노예들은 아메리카로 끌려가 농장과 광산에서 일을 해야 했지. 아메리카에서 생산된 은, 설탕, 담배 같은 물건들은 다시 유럽으로 들어왔어. 이렇게 한 나라에서 다른 나라로 계속 돈과 물건이 돌면서 세계 경제가 점점 커졌어.

하지만 무역이 활발해질수록 유럽 나라 간에 경쟁도 심해졌어. 스페인은 아메리카에서 얻은 은으로 군대와 함대를 키우면서 해양 패권을 쥐려고 했지만, 너무 많은 은이 들어오면서 오히려 물가가 오르고 경제가 불안해졌어. 전 세계 금과 은 총생산량의 83%를 차지할 정도였으니 말이야. 당시에는 사람들이 이런 경제 현상을 이해하지 못했어. 그 무렵 '스페인에서는 은 빼고 모든 게 비싸다' 라는 말이 퍼질 정도였지.

반면 영국과 네덜란드는 무역을 확장하면서 점점 더 강해졌어. 특히 영국은 네덜란드와의 해상 전쟁에서 승리하고 무역 중심지를 런던으로 옮기면서 엄청난 경제 성장을 이루었지. 그러는 동안 스페인의 무적함대는 힘을 잃어갔고 결국 영국과의 전쟁에서 크게 패하면서 해양 패권이 영국으로 넘어가게 되었어. 영국은 이때부터 해군력을 강화하고, 전 세계 바다를 장악하면서 무역의 중심이 되었지. 그리고 무역을 통해 번 돈을 기반으로 금융 시스템을 발전시켰어. 은행과 주식 시장도 만들어 돈이 더 원활하게 돌게 했지.

결국 이 모든 변화는 '돈'이 어디로, 어떻게 흘러가느냐에 따라 결정됐어. 처음에 엄청난 양의 은을 보유하며 힘을 가졌던 스페인은 그걸 제대로 활용하지 못하면서 점점 약해졌고, 영국은 무역과 금융을 활용하면서 경제 강대국이 된 거야. 이렇게 돈의 흐름에 따라 유럽의 질서가 바뀌었고, 결국 산업혁명이 일어날 기반도 만들 수 있었어.

다음은 앞에서 설명한 영국-스페인 전쟁에서 스페인이 왜 무너졌는지 조금 더 자세히 살펴보자. 그리고 화폐의 힘을 얕보다가 무너진 다른 나라들의 사례도 말이야.

03

전쟁 :
무적함대부터
제2차 세계대전까지

스페인은 한때 세계에서 가장 강한 나라였어. 아메리카 대륙에서 가져온 금과 은 덕분에 엄청난 부를 축적했고, 강력한 해군을 앞세워 유럽에서 막강한 영향력을 행사했지. 특히 16세기 후반, 스페인은 '무적함대'라는 이름을 붙일 정도로 강력한 해군을 보유하고 있었어. 스페인은 이 막강한 함대를 앞세워 영국을 정복하려 했지. 당시 영국은 상대적으로 작은 섬나라였고, 유럽 대륙에서 정치적 영향력도 크지 않았어. 하지만 예상과 달리 영국과 스페인의 전쟁에 스페인이 패배하면서 역사의 흐름이 완전히 달라졌어.

경계의 중심을 바꾼 해전의 승패

1588년, 스페인의 무적함대가 영국을 향해 출정했어. 거대한 함대는 130여 척의 배와 2만 명 이상의 병사, 그리고 수천 개의 대포로 무장하고 있었지. 하지만 예상과 달리, 영국의 작은 함대가 기동성을 활용해 스페인 함대를 하나씩 격파하기 시작했어. 특히 영국은 '화공선(火攻船)'이라는 전략을 사용했어. 밤중에 불을 붙인 배를 스페인 함대 쪽으로 흘려보내 혼란을 일으키고, 그 사이 기동성 좋은 함선들이 스페인의 대형 전함을 집중적으로 공격하는 방식이었어. 이 전술은 큰 효과를 발휘했고, 스페인은 제대로 싸워보지도 못한 채 함대를 잃기 시작했어.

설상가상으로 스페인 함대는 퇴각하는 과정에서 거센 폭풍을 만나게 되었어. 스페인 함대는 우회하여 스코틀랜드와 아일랜드 해안을 따라 본국으로 돌아가려 했지만, 강한 폭풍우 때문에 많은 배가 난파되었어. 결국 스페인은 전체 함대의 반 이상을 잃었고, 영국의 해군이 유럽의 새로운 강자로 떠오르게 되었지.

이 승패는 단순히 해전에서 승패로 끝나지 않았어. 무적함대의 패배 이후, 스페인은 급격히 힘을 잃었고, 영국은 해상 패권을 완전히 장악하게 되었어. 이때부터 영국은 전 세계를 아우르는 무역 네트워크를 구축하며 '해가 지지 않는 나라'라고 불리게 되었어. 반면 스페인은 아메리카에서 금과 은을 계속 가져왔지만, 전쟁 비용과 제국 유지 비용이 증가하면서 경제가 점점 흔들리기 시작했어. 결국 무적함대의 패배는 세계 경제의 중심이 스페인에서 영국으로 넘어가는 중요한 전환점이 되었어.

이런 상황에서 프랑스의 나폴레옹이 등장하고 유럽은 또다시 전쟁의 소용돌이에 휘말리게 되었지. 나폴레옹은 유럽 대륙을 완전히 장악하고 싶어 했고, 영국을 굴복시키기 위해 유럽 전역에서 전쟁을 벌였어. 하지만 영국은 무적함대와의 전쟁에서 승리한 후 더욱 강력한 해군을 유지하고 있었고, 바다를 통해 식민지에서 엄청난 부를 축적하며 나폴레옹과의 전쟁을 준비했어.

1805년, 나폴레옹은 영국을 제압하기 위해 스페인의 해군과 연합하여 '트라팔가 해전'을 벌였어. 하지만 이 전투에서 영국의 넬슨 제독이 프랑스-스페인 연합 함대를 완전히 격파하면서 영국의 해양 지배력은 절대적인 것이 되었지. 이 승리로 영국은 유럽과 세계 무역의 중심을 차지하게 되었고, 이후 19세기 동안 해상 무역을 독점하며 엄청난 부를 축적 하게 되었어.

영국이 해상 패권을 장악했다는 것은 단순히 배를 많이 가지고 있다는 의미가 아니었어. 바다를 장악한다는 것은 전 세계 무역을 지배한다는 뜻이었지. 유럽에서 생산한 제품을 아메리카, 아시아, 아프리카로 보내고, 다시 그곳에서 얻은 귀중한 자원을 유럽으로 가져오는 거대한 경제 시스템을 구축할 수 있다는 걸 의미했어. 예를 들어 영국은 인도에서 면직물을 생산하고, 이를 아프리카로 보내 노예와 교환한 후 노예를 아메리카로 보내 설탕과 교환하는 삼각 무역으로 엄청난 부를 쌓았어.

결국 영국이 세계 경제의 중심이 될 수 있었던 것은 무적함대를 물리치며 군사적 승리를 거두었을 뿐만 아니라, 이를 기반으로 강력한 경제 시스템을 구축했기 때문이었어. 전쟁에서 이긴 나라 뒤에는 언제나 강한 경제가 있었고, 영국은 무적함대와의 전쟁에서 승리한 후 해상 무역을 독점하면서 유럽과 세계 경제를 완전히 장악하게 되었지.

영국의 경제적 성공은 단순히 무역에서 끝나지 않았어. 영국은 해양 패권을 장악하면서 엄청난 부를 축적했고, 전 세계를 아우르는 무역 네트워크를 구축했지. 이를 바탕으로 영국은 세계 무대에서 경제적으로 강력한 위치를 차지하게 되었어.

영국의 경제적·군사적 지배력을 강화한 아편전쟁

세계 경제의 중심 자리를 차지하고 있던 당시, 영국이 무역으로 번 돈을 가장 많이 쏟아부은 곳 중 하나가 바로 중국이었어. 18세기 후반, 유럽에서는 중국의 차가 엄청난 인기를 끌었어. 영국을 포함한 유럽에선 차를 마시는 문화가 정착되었고, 귀족뿐만 아니라 일반 시민들까지 차를 찾기 시작했어. 영국은 차를 사기 위해 중국에 막대한 은을 지불해야 했지. 당시 중국은 유럽에서 생산된 물건에 크게 관심이 없었기 때문에 영국이 중국에 수출할 만한 상품이 거의 없었고, 결국 영국은 차를 사기 위해 막대한 양의 은을 중국으로 보내야 했던 거야.

이때 영국이 선택한 방책이 있었으니, 바로 아편이었어. 영국은 인도에서 아편을 대량으로 생산한 후 이를 중국에 밀수하기 시작했어. 아편은 강한 중독성이 있어 중국 내에서 급속도로 퍼졌고, 많은 사람들이 아편에 중독되면서 사회적인 문제가 심각해졌어. 이를 본 청나라 정부는 아편 수입을 막기 위해 단속을 강화했고,

1839년 아편을 몰수하고 불태우기까지 했어.

하지만 영국은 이를 받아들이지 않았어. 영국 상인들은 엄청난 돈을 벌고 있었고, 아편 무역이 막히면 영국 경제에도 타격이 클 수밖에 없었지. 결국 영국은 군대를 동원해 청나라를 공격했어. 아편전쟁(1839~1842년)이 이렇게 시작되었지.

청나라는 당시까지도 스스로를 강대국이라 여겼지만, 영국의 군사력은 그들의 예상을 뛰어넘었어. 앞선 기술 발전과 유럽에서 수많은 전쟁을 치른 경험으로 영국군은 어느 때보다 강력한 상태였어. 영국은 증기선과 강력한 화포를 앞세워 청나라를 압도했고, 결국 청나라는 영국과의 전쟁에서 처참하게 패배했어. 전쟁이 끝난 후 영국과 청나라는 난징조약(1842년)을 체결했어. 이 조약으로 영국은 홍콩을 차지했고, 중국은 영국과의 자유무역을 강제로 받아들여야 했어.

이 전쟁은 단순히 영국과 청나라의 싸움이 아니었어. 사실상 영국이 경제적 이익을 위해 무력을 동원한 대표적인 사건이었지. 이후에도 영국을 비롯한 서구 열강은 중국과의 무역에서 자신들에게 유리한 조약을 강요하면서 중국 경제를 철저하게 수탈했어.

아편전쟁은 영국이 해양 패권을 바탕으로 무역을 독점하면서 전 세계의 경제 구조를 영국 중심으로 재편한 대표적인 사례로 꼽혀. 영국은 바다를 장악한 덕분에 원하는 나라와 원하는 방식으로 무역을 할 수 있었고, 심지어 무역에서 불리한 상황이 되면 전쟁까지 일으켜 이를 해결했어. 그리고 이러한 방식은 단지 중국에서만 이루어진 것이 아니라, 전 세계 곳곳에서 영국의 이익을 위해 반복되었지.

아편전쟁 이후 영국은 더욱 강력한 경제적, 군사적 지배력을 행사했고, 유럽과 아시아를 잇는 무역의 중심이 되었어. 하지만 강력한 지배력은 또 다른 경쟁자를 만들어 냈고, 결국 이러한 경제적 갈등이 20세기로 이어지면서 더 큰 전쟁으로 번지게 되었어.

독일의 극심한 인플레이션이 미친 영향 ───────────○

이처럼 영국이 전 세계를 지배하는 동안 유럽에서는 또 다른 강대국이 성장하고 있었어. 독일은 산업혁명을 통해 급속도로 경제력을 키웠지만, 영국과 달리 식민지가 부족했어. 영국이 아시아와 아프리카의 자원을 활용하면서 부를 축적하는 동안, 독일은 유럽 내에서만 경제 성장을 이루려 했고, 결국 영국과의 경제적 경쟁이 정치적, 군사적 대립으로 이어졌지. 독일은 식민지 경쟁에서 밀린 만큼 유럽 내에서 영향력을 확대하려 했고, 이 갈등은 결국 제1차 세계대전으로 이어졌어.

제1차 세계대전이 끝난 후 독일 경제는 심각한 위기를 맞이했어. 독일 정부는 과도한 전쟁 배상금을 내야했고, 내수 경기를 끌어올리기 위해 수출을 늘려야 했지. 이때 독일 정부는 수출을 늘리기 위해서는 마르크화의 가치를 낮춰 수출하는 상품의 가격 경쟁력을 높이는 게 유리하다고 판단했어. 결국 화폐를 과하게 찍어 내게 되었고 극심한 인플레이션이 발생하며 독일의 경제는 사실상 붕괴하고 말았지. 빵 한 덩이를 사기 위해 수레 가득 돈을 실어 가야 할 정도로 화폐 가치가 폭락했고, 이러한 경제적 혼란은 결국 제2차 세계대전 발발의 중요한 배경이 되었어.

전쟁에서 이긴 나라 뒤에는 언제나 강한 경제가 있었어. 영국은 스페인을 무너뜨리고 해상 무역을 독점하면서 경제적 강국으로 성장했고, 프랑스를 이기면서 유럽 내 패권을 확립했지. 하지만 경제적으로 뒤처진 독일은 결국 영국과의 경쟁에서 밀리며 극단적인 선택을 했고, 그 결과 세계는 다시 거대한 전쟁 속으로 빠져들게 됐어.

04

세계 경제 : 대공황부터 미국·중국의 대결 구도까지

제1차 세계대전이 끝난 후, 세계 경제는 새로운 국면을 맞이했어. 전쟁은 유럽의 경제를 피폐하게 만들었고, 그 과정에서 미국은 막대한 전쟁 물자를 공급하며 경제적으로 급격히 성장했지. 전쟁이 끝난 후에도 미국은 세계 경제의 중심으로 떠올랐고, 1920년대는 '광란의 20년(Roaring Twenties)'이라 불릴 정도로 경제 호황을 누렸어. 미국의 산업은 빠르게 발전했고, 자동차, 전기, 철강 같은 분야에서 혁신이 이어졌지. 하지만 번영은 오래가지 않았어.

세계를 덮친 대공황의 시작

1929년 10월 24일, 뉴욕 증권거래소에서 주식 가격이 갑자기 폭락했어. 바로 '검은 목요일(Black Thursday)'이라고 불린 날이야. 사람들은 깜짝 놀라서 가지고 있던 주식을 급하게 팔기 시작했지. 며칠 후인 10월 29일 '검은 화요일(Black Tuesday)'에는 주식 가격이 완전히 무너져 내렸어. 그동안 주식을 사기 위해 은행에서 돈을 빌린 사람들이 빚을 갚지 못하게 되자 수많은 은행과 회사가 문을 닫는 상황에 이르렀어. 이게 바로 대공황(Great Depression)의 시작이었어.

사실 미국 경제는 1920년대 내내 빠르게 성장했어. 기업은 공장에서 자동차, 전기 제품, 철강 등을 대량으로 만들었고, 사람들은 주식을 사면 더 부자가 될 거라고 믿었지. 하지만 대부분은 자기 돈이 아니라 은행에서 빌린 돈으로 주식을 샀어. 처음에는 주식 가격이 계속 오르니까 문제가 없었지만, 가격이 떨어지자 사람들이 돈을 갚을 수 없게 되었고 은행도 큰 손해를 봤어. 결국 은행이 보유한 돈이 부족해졌고, 은행에 돈을 찾으려는 사람들이 몰려들면서 많은 은행이 문을 닫았지.

은행이 망하면서 기업에도 그 영향이 미쳤어. 더는 은행에서 돈을 빌릴 수 없게 된 거지. 그러자 많은 공장이 문을 닫았고, 일자리를 잃은 사람들이 급격히 늘어났어. 미국의 실업률은 점점 높아졌고, 돈을 벌 수 없게 된 사람들은 집세를 내지 못해 길거리로 나앉았어. 공장에서 일하던 노동자들은 하루아침에 해고되었고, 농부들의 사정도 어려워졌어. 시장에 내다 팔 농산물이 있어도 사람들이 돈이 없어 사가질 못 하니 농산물 가격이 폭락했어. 결국 농부들은 작물을 팔아도 돈을 벌 수 없게 되었고, 빚을 갚지 못해 땅을 잃고 떠나야 했지.

이렇게 미국 경제가 무너지면서 그 영향이 다른 나라에도 퍼졌어. 예전에는 어느 한 나라가 경제적으로 어려워져도 다른 나라까지 큰 영향을 받는 경우는 별로 없었어. 하지만 제1차 세계대전 이후 세계 경제가 서로 연결되면서 달라졌지. 미국이 흔들리자 유럽과 아시아도 타격을 받게 됐어.

특히 독일은 전쟁에서 진 뒤 갚아야 할 빚이 많은 상황이었어. 당시 미국에서 돈을 빌려와 경제를 유지하고 있었는데, 미국이 대공황을 겪으며 돈을 회수하자 독일 경제는 더 심하게 무너졌어. 독일에서는 실업자가 급격히 늘었고, 무리하게 돈을 찍어 내면서 물가가 엄청나게 올랐어. 빵 한 덩이를 사기 위해 수레 가득 돈을 들고 가야 할 정도로 돈의 가치가 떨어졌지. 이런 경제적 혼란 속에서 불안해진 독일 국민은 결국 히틀러 같은 강한 지도자를 원하게 되었어.

유럽의 다른 나라들도 마찬가지였어. 영국과 프랑스 같은 강대국도 미국에 의존하는 부분이 많았기 때문에 경제에 영향을 받았고, 이런 이유로 무역이 줄면서 세계 경제는 더 깊은 위기로 빠졌어.

당시 미국은 경제를 살리기 위해 보호무역 정책을 내세웠어. 쉽게 말하면, 외국 물건이 미국으로 들어오는 걸 막고, 미국 기업이 만든 제품을 사람들이 더 사게 하려는 정책이었어. 1930년에 미국은 스무트-홀리 관세법(Smoot-Hawley Tariff Act)을 만들었는데, 외국에서 들어오는 물건에 높은 세금을 매겨 자국 국민이 외국 물건을 덜 사게 만든 법이었지. 그런데 이 정책이 오히려 상황을 더 나쁘게 만들었어. 미국이 다른 나라 물건을 안 사니 다른 나라들도 미국 제품에 세금을 매겨서 보복했지. 결국 서로 물건을 사고파는 무역 자체가 크게 줄었어. 이렇게 되자 세계 경제 상황은 더 나빠지고 일자리도 더 줄어들었지.

경제가 나빠지면서 어떤 나라는 군대를 키우고 전쟁을 준비하기 시작했어. 독일과 일본 같은 나라는 경제를 살릴 방법이 없자 전쟁을 통해 땅을 넓히고 자원을 확보하려 했어. 결국 이런 문제가 쌓이고 쌓이면서 1939년에 제2차 세계대전이 발발하게 되었지.

이처럼 1929년 미국에서 시작된 대공황은 단순히 한 나라의 문제가 아니라 전 세계의 경제를 한꺼번에 흔들고 결국 전쟁까지 나게 만든 엄청난 사건이었어. 세계 경제가 서로 연결되어 있다는 것이 얼마나 중요한지 보여주는 역사적인 사례였지.

미국 중심의 경제 질서와 그에 대한 도전 ─────○

제2차 세계대전이 끝난 후, 미국은 세계 경제를 다시 안정시키기 위해 새로운 국제 통화 체제를 만들었어. 1944년, 미국에서 전 세계 주요 국가가 모여 브레턴우즈 체제(Bretton Woods System)를 만들기로 합의한 거야. 바로 금과 연동된 미국의 달러화를 기준으로 세계 경제를 운영하기로 한 거지. 이 체제로 미국 달러를 중심으로 한 국제 경제 질서가 만들어졌고, 미국은 사실상 세계 경제의 중심이 되었어. 또한 국제통화기금(IMF)과 세계은행(World Bank) 같은 기관들이 설립되면서 세계 경제는 점차 미국 중심으로 돌아가기 시작했어.

하지만 시간이 흐르면서 미국의 독주에 도전하는 국가들이 등장했어. 그중에도 가장 강력한 도전자는 바로 중국이었지. 20세기 후반, 중국은 개혁 개방 정책을 통해 빠르게 경제를 성장시켰고, 21세기 들어서는 본격적으로 미국과의 경제 경쟁을 시작했어. 특히 중국은 중국-중앙아시아-유럽을 연결하는 '일대일로(一帶一路, Belt and Road Initiative)' 같은 대규모 경제 프로젝트를 통해 전 세계에 영향력을 넓히려 했고, 미국과의 무역 갈등도 깊어졌어.

최근 중국과의 경제 대결에서 미국은 대공황 당시 취한 보호무역 정책과 비슷한 모습을 보이고 있어. 미국은 중국을 견제하기 위해 높은 관세를 부과하고, 중국산 제품의 수입을 줄이려 하고 있지. 이는 1930년대에 보호무역을 강화했던 것과 비슷한 전략이야. 하지만 그때와 마찬가지로, 보호무역이 오히려 세계 경제를 악화시키고 글로벌 무역을 위축시킬 가능성이 크다는 우려가 나오고 있어.

역사는 반복된다고 해. 1929년 대공황 이후 세계 경제가 무너지고 전쟁으로 이어졌던 것처럼, 오늘날 미국과 중국의 경제 갈등이 또 다른 충돌로 이어지지 않을 거라고는 아무도 장담할 수 없어. 이제 우리는 세계 경제가 단순히 한 나라의 문제가 아니라, 서로 얽히고설킨 복잡한 구조 속에서 움직인다는 사실을 기억해야 해.

다음 장에서는 현대 경제의 변화와 기술 혁신이 앞으로 세계 경제에 어떤 영향을 미칠지 살펴보자.

05

정치 :
트럼프 시대에
달라질 세계 경제

지금까지 살펴본 것처럼, 돈과 경제, 그리고 나라의 흥망성쇠는 서로 밀접하게 연결되어 있어. 한 나라의 경제가 흔들리면 다른 나라도 영향을 받고, 그 여파는 전쟁이나 새로운 경제 체제로 이어지기도 했지. 대공황이 세계 경제를 붕괴시키면서 제2차 세계대전이 일어났던 것처럼, 오늘날에도 경제 위기가 오면 새로운 변화가 생길 가능성이 커.

특히 요즘은 과거와 비슷한 흐름이 반복되고 있어. 경제가 불안해질수록 각 나라는 자국 산업을 보호하려 하고, 다른 나라와의 무역을 줄이려는 움직임을 보여. 이런 흐름을 가장 강하게 주도한 인물이 바로 미국의 도널드 트럼프(Donald Trump) 대통령이야. 그는 "미국이 먼저다(America First)!"라는 구호를 내걸고, 미국 중심 정책을 밀어붙이고 있지. 과거 대공황 시절 미국이 보호무역 정책을 펼쳤던 것처럼, 트럼프도 무역 전쟁을 통해 다른 나라에 경제적

압박을 가하고 미국 경제를 우선 살리겠다고 하고 있어.

트럼프의 무역 전쟁과 미·중 갈등 ────────────────○

트럼프는 처음 대통령이 된 후, 중국을 포함한 여러 나라와 무역 전쟁을 벌였어. 미국은 오랫동안 자유무역을 지지해 왔지만, 트럼프는 "미국이 손해를 보고 있다"라고 주장하며 이를 바꾸려 했지. 그는 특히 중국을 주요 경쟁자로 보고, 중국에 높은 관세를 부과하면서 무역을 제한하는 정책을 폈어. 중국에서 수입되는 상품에 높은 세금을 매겨 미국 소비자들이 중국산 제품을 덜 사도록 만들었지. 반대로 중국도 미국 제품에 세금을 부과하면서 맞섰어, 이렇게 두 나라가 서로 강하게 부딪히면서 당시 세계 경제는 큰 혼란에 빠졌지.

이 무역 전쟁은 단순한 경제 문제가 아니었어. 중국은 21세기에 들어와 급속도로 성장하면서 미국의 경제 패권을 위협하는 수준까지 올라왔어. 중국은 '일대일로' 같은 대규모 경제권 구상을 통해 전 세계로 영향력을 확대하려 했고, 5G 기술, 인공지능(AI), 전기차 같은 미래 산업에서도 강한 경쟁력을 갖추기 시작했어. 미국은 이런 중국의 성장이 결국 자국 경제와 기술 패권을 위협할 것이라고 보고 견제하기 시작했지.

2025년도에 트럼프가 다시 대통령이 되면서 미국은 AI와 같은 핵심 기술 분야에서 Open AI, 구글, X, 메타 등 거대 기업의 기술적 우위를 자본력으로 강화하며 중국을 제재하고 있어. 이에 대해 중국은 최적화와 효율화를 앞세워 딥시크(DeepSeek) 같은 혁신적인 대안을 개발하여 내놓기도 했지. 기술적 우위를 가늠하기 어려운 수준으로 서로 간의 경쟁이 더욱 깊어지는 모습을 보이고 있어.

돈의 가치 흔드는 초인플레이션에 대한 걱정 ────────○

사실 이런 무역 전쟁과 경쟁은 경제적 불안을 키우는 커다란 요인이 돼. 이 같은 갈등 상황에서 일부 사람들은 실물 화폐의 가치에 대해 의심을 품게 되지. 전통적으로 돈은 국가가 발행하고 그 가치를 정부가 보장하는데, 역사적으로 보면 경제가 불안정할 때마다 돈의 가치가 크게 흔들렸거든. 대공황 이후 미국 정부는 달러를 많이 찍어냈고, 제1차 세계대전과 제2차 세계대전 때도 참전국들은 전쟁 비용을 충당하기 위해 많은 돈을 발행했어. 독일도 제1차 세계대전 후 전쟁 배상금을 내기 위해 돈을 마구 찍었다가 초인플레이션이 발생하면서 경제가 붕괴한 적이 있지.

초인플레이션은 돈의 가치가 조금씩 떨어지는 것이 아니라 한꺼번에 급격하게 떨어지는 것을 뜻해. 예를 들어 오늘 빵을 사는 데 천 원이면 되었던 것이 내일 만 원이 되고, 모레는 십만 원이 되는 정도로 심각하게 돈의 가치가 떨어지는 현상이지. 보통 돈을 발행하는 주체와 그 돈이 신뢰를 잃었을 때 발생하는 현상이야.

이 같은 일은 21세기에도 똑같이 반복되고 있어. 2008년 글로벌 금융 위기가 터졌을 때, 미국 정부는 경제를 살리기 위해 엄청난 양의 돈을 풀었어. 그리고 코로나19가 확산되면서 미국과 유럽을 포함한 각국 정부는 경제를 지탱한다는 명목으로 다시 대규모로 돈을 찍어냈지. 상황이 이렇게 되자 많은 사람들이 의구심을 가지게 되었어. "돈을 계속 찍어 내면, 결국 지금 쓰는 화폐의 가치가 자꾸 떨어지는 것 아닌가?" 하고 말이야.

경제 불안 속에 떠오른 대안, 암호화폐 ─────────────○

이런 상황에서 비트코인(Bitcoin)이 주목받기 시작했어. 비트코인은 정부가 마음대로 찍어낼 수 없고, 누구도 통제할 수 없는 디지털 화폐야. 트럼프는 첫 대통령 시절에 비트코인을 강하게 비판했지만, 역설적으로 그의 정책은 비트코인의 가치 상승을 촉진하는 역할을 했어. 무역 전쟁이 벌어지고 경제 불안이 커지면서 사람들은 점점 더 "정부가 만든 화폐가 아니라, 국가와 상관없이 가치를 지킬 수 있는 새로운 화폐가 필요하다"라는 생각을 갖게 되었거든. 그리고 2025년 1월, 백악관에 복귀한 트럼프 대통령은 암호화폐, 특히 비트코인에 친화적인 정책을 펼치고 있어.

트럼프 대통령은 미국을 '암호화폐의 세계 수도'로 만들겠다는 목표를 세웠어. 이를 위해 암호화폐 정책을 검토할 실무 그룹을 구성하라고 지시했어. 이 그룹은 미국 정부 차원에서 비트코인과 같은 암호화폐를 전략적으로 비축하는 방안을 포함하여 관련 정책을 제안할 예정이라고 해. 또한 트럼프 대통령은 정부가 주도하여 발행하는 디지털 화폐인 중앙은행 디지털 화폐(CBDC) 개발을 중단하겠다고 발표했어. 그는 CBDC가 중앙 정부의 강압적인 통제로 이어질 수 있다고 우려를 표명했지.

흥미롭게도 트럼프 대통령은 대통령에 재선되기 바로 직전에 자신의 이름을 딴 '트럼프 밈코인'도 발행했어. 이 코인은 솔라나(Solana) 블록체인에서 출시되었고, 출시 직후 큰 관심을 받았어. 일각에선 대통령이 될 사람이 직접 이런 코인을 만든 것에 대해서 우려를 표하기도 했지. 대통령이 직접 코인을 발행하고 홍보하는 것이 논란은 되었지만 전반적으로 암호화폐에 대한 인식은 긍정적으로 바뀌고 있었어. 이러한 변화는 미국의 암호화폐 산업에 큰 영향을 미치고 있어. 트럼프 대통령의 친암호화폐 정책으로 인해 비트코인과 다른 암호화폐의 가치가 상승하고, 관련 산업이 더욱 활성화될 것으로 기대되고 있지.

어떻게 보면 역사는 반복되는 것 같아. 과거 대공황이 세계 경제를 뒤흔들고 전쟁까지 일으킨 것처럼, 오늘날에도 경제적 불안정과 보호무역 정책이 세계 질서를 흔들고 있어. 그리고 그 과정에서 사람들은 새로운 대안을 찾으려 하고 있지. 지금처럼 돈의 가치가 계속 흔들린다면, 미래에는 사람들이 암호화폐에 더 관심을 두게 될지도 몰라. 그러니 앞으로 다가오는 시대를 대비하려면 비트코인과 같은 디지털 화폐를 제대로 이해하는 것이 중요해질 거야.

2장

미래의 돈,
디지털 화폐

디지털 화폐를 탄생시킨 인터넷과 인공지능의 발달

옛날에는 돈을 주고받을 때 항상 지갑에 동전이나 지폐를 가지고 다녀야 했어. 하지만 지금은 스마트폰 하나만 있으면 친구에게 돈을 보내고, 심지어 해외에서도 물건을 살 수 있어. 현금이나 카드 없이 스마트워치로 지하철을 타거나 무인 가게에서 점원 없이 결제하고 물건을 사서 나오는 경험도 익숙하지? 이런 변화는 모두 인터넷과 인공지능(AI) 기술의 발달 덕분에 가능해진 거야.

디지털 화폐를 가능하게 한 혁신적인 기술들

인터넷의 역할은 아주 기본적이면서도 혁신적이야. 인터넷은 세상 모든 사람과 정보를 연결하는 네트워크로, 우리가 물리적인 공간 없이도 서로 돈을 주고받을 수 있게 만들어줬어. 예전에는 은행에 가야 돈을 보낼 수 있었는데, 전자 지불 기술이 발달하고 인터넷이 등장하면서 신용카드 사용이 확대되고 인터넷뱅킹 같은 새로운 서비스가 이를 대체하기 시작했지. 신용카드와 인터넷뱅킹은 디지털 화폐의 초기 형태로 실물 화폐 대신 전자적 기록을 통해 결제를 가능하게 했고, 더 편리하고 빠른 거래 방식을 만들어 냈지.

여기에 더해 카카오페이, 네이버페이, 삼성페이 같은 모바일 간편결제 서비스도 등장했어. 이러한 서비스는 신용카드와 스마트뱅킹을 기반으로 하면서도, 모바일 환경에 최적화된 기술을 통해 사용자 경험을 크게 개선했지. 이제는 여행을 가서도 환전할 필요 없이 스마트폰으로 바로 결제할 수 있고, 무인 편의점에서도 스마트폰을 단말기에 대기만 하면 바로 결제가 완료되지.

이 모든 과정은 인터넷을 중심으로 이루어진 혁신이야. 인터넷이 없었다면 지금의 디지털 금융 서비스는 상상조차 할 수 없을 거야. 예를 들어, 스마트워치로 지하철을 탈 때 그냥 손목을 대면 결제가 끝나고 개찰구가 열리지. 인터넷으로 연결된 결제 시스템이 이런 걸 가능하게 만들어 준 거야. 무인 카페나 무인 편의점에서 스마트폰 결제 시스템으로 원하는 물건을 사서 나올 수 있는 핵심 기술도 바로 인터넷이야. 스마트폰 간편결제는 신용카드 결제보다 더 빠르고 간단하게 결제를 처리할 수 있어. 신용카드 정보를 앱에 저장해 NFC(근거리 무선 통신)나 QR코드로 결제하는 방식이라 무인 매장 같은 곳에서 특히 유용하지.

여기에 인공지능(AI) 기술이 더해지면서 결제와 화폐 시스템은 더 똑똑해졌어. AI는 돈을 주고받는 과정을 자동화할 뿐 아니라 이를 더 안전하게 만들고 사용자에 맞춤형 서비스를 제공해 줄 수 있거든. 예를 들어 ○○○페이로 결제하는데 갑자기 네가 전혀 가지도 않은 나라에서 큰돈을 결제하려 한다고 생각해 봐. "이거 해킹당한 거 아닐까?" 하고 걱정되겠지. 이때 AI가 이런 비정상적인 패턴을 감지하고 즉시 결제를 차단하거나 너에게 알림을 보내줄 수 있어. 이렇게 AI는 돈이 잘못된 곳으로 새는 일을 막아줘.

또 AI는 우리의 소비 습관을 분석해 편리한 기능을 제공하기도 해. "이번 달 용돈을 너무 많이 썼어!"라거나 "다음 주 학급비 낼 돈 잊지 마!" 같은 알림을 보내줄 수도 있지. 심지어 어떤 쇼핑 플랫폼에서는 "네가 좋아할 것 같은 물건을 추천했어!"라며 개인 맞춤 상품을 추천해 주기도 해.

디지털 화폐, AI로 더 안전하고 효율적으로

그렇다면 AI가 디지털 화폐에는 어떤 영향을 줄까? AI는 단순히 기존의 화폐를 관리하는 역할만 하지는 않아. 디지털 화폐는 블록체인 같은 기술과 연결되어 있는데, 이 시스템은 많은 데이터를 처리하고 복잡한 거래를 효율적으로 관리해야 해. 예를 들어, 비트코인이나 이더리움 같은 암호화폐는 많은 거래를 처리해야 해서 때로는 느려지거나 문제가 생길 수 있는데, 이때 AI가 거래 기록을 분석해 어디에 문제가 생겼는지 찾아내고, 네트워크가 더 원활하게 작동하도록 도와줘. 또 누군가 이상한 거래를 하거나 시스템을 공격하려고 하면, AI가 이를 빠르게 감지해서 시스템을 보호할 수 있도록 알려줄 수 있어. AI는 블록체인이 안전하고 효율적으로 작동하도록 도와주는 조력자 같은 역할을 하는 거야.

중앙은행이 발행하는 디지털 화폐(CBDC, Central Bank Digital Currency)에도 AI는 필수적이야. 중앙은행은 나라의 돈을 관리하는 가장 큰 대장 은행을 말해. 예를 들어, 우리나라에는 한국은행이 있어. 이곳에서 우리가 사용하는 원화의 동전과 지폐를 찍어 내고, 나라의 경제가 잘 돌아가도록 시장에서 거래되는 돈의 양을 조절하지. 바로 중앙은행이 하는 일이야.

중앙은행 디지털 화폐(CBDC)는 쉽게 말해서, 중앙은행이 직접 만든 디지털 돈이라고 생각하면 돼. 우리가 쓰는 현금(종이돈)이나 은행 앱에서 숫자로 표시되는 돈과 비슷하지만, CBDC는 블록체인 같은 기술로 더 안전하게 거래를 기록하고 관리하지. 일종의 정부가 만든 '카카오페이'나 '네이버페이' 같은 간편결제 서비스라고 보면 돼. 지금 우리가 스마트폰으로 사용하는 결제 시스템이 민간회사가 만든 거라면 CBDC는 나라가 직접 만들고 관리하는 디지털 결제 시스템이야. 그래서 더 신뢰할 수 있고, 전 국민이 쉽게 사용할 수 있어. 이론적으로 은행 계좌가 없어도 스마트폰만 있으면 CBDC로 돈을 주고받을 수 있지. 참고로 우리나라는 현재 CBDC 도입을 준비하고 있어. 이를 위해 다양한 CBDC 활용성 테스트를 추진하며 발행 준비 절차를 진행 중이지.

그렇다면 AI는 CBDC에서 어떻게 활용될까? 만약 나라에서 전 국민에게 긴급 재난 지원금을 지급한다고 해보자. 누가 지원금을 받아야 하는지, 또 어떻게 빠르고 정확하게 전달할지 결정하는 게 꽤 복잡한 일일 거야. AI는 이런 상황에서 국민 데이터를 분석해서 지원금을 받을 사람들을 빠르게 확인하고, 그 돈을 자동으로 각자의 CBDC 계좌로 보내는 역할을 할 수 있어.

지난 코로나 팬데믹 시기에 우리 정부는 발빠르게 재난 지원금을 지원했지. 이때 국민 개개인이 그 돈을 받으려면 직접 카드사나 정부지원금 홈페이지를 찾아 신청하거나 주민센터에 가서 돈이 충전된 카드를 받아야 했어. 만약 우리나라에 CBDC가 도입된다면 이도 바뀔 거야. 직접 신청하거나 찾아갈 필요 없이 정부가 직접 국민 개개인의 디지털 지갑에 돈을 넣어줄 수 있게 되는 거지.

또 AI는 실시간으로 거래 기록을 분석해서 이상한 거래나 사기를 찾아내는 데도 도움을 줘. 예를 들어, 누군가 부정하게 CBDC를 사용하려 하면 AI가 이를 감지하고 거래를 막을 수 있는 거야. 이렇게 AI는 CBDC와 함께 작동하면서 디지털 화폐를 더 안전하고 효율적으로 관리할 수 있도록 돕게 돼.

인터넷은 우리가 화폐를 디지털로 사용할 기반을 만들어줬고, AI는 이를 더 안전하고 효율적으로 관리하도록 도와줬어. 앞으로 이 두 기술이 더 발전하면서 디지털 화폐는 우리 일상에 더 깊게 자리 잡을 거야. 어쩌면 가까운 미래에는 AI가 내가 쓸 돈을 관리해 주고, 필요한 순간에 자동으로 결제까지 해주는 세상이 올지도 몰라. 화폐가 단순한 도구이던 시대는 이제 저물고 있어. 인터넷과 AI 덕분에 화폐는 점점 더 똑똑해지고 있어.

가상화폐

암호화폐

중앙은행 디지털 화폐

디지털 화폐란
무엇인가?

흔히 돈이라고 하면 대부분 지갑에 있는 동전이나 지폐를 떠올릴 거야. 그런데 요즘은 눈에 보이지 않는 디지털 화폐가 점점 더 중요해지고 있어.

디지털 화폐는 컴퓨터나 스마트폰 안에서만 존재하는 돈이야. 우리 생활에서 이미 자주 쓰이고 있고, 미래에는 더 큰 역할을 하게 될지도 모르는 돈이지. 실제로 지갑에 더는 종이돈이나 동전을 가지고 다니지 않는 어른들이 많아. 신용카드만 들고 다니거나 신용카드 없이 스마트폰으로 ○○○페이를 사용해서 결제하는 경우도 많아지고 있지.

디지털 화폐는 크게 가상화폐, 암호화폐, 그리고 중앙은행 디지털 화폐(CBDC)로 나눌 수 있어. 이제 이 세 가지에 대해 좀 더 구체적으로 알아보려 해. 먼저 우리가 이미 일상에서 사용하고 있는 가상화폐부터 살펴보자.

사이버상에서만 쓸 수 있는 디지털 돈, 가상화폐 ————○

가상화폐(Virtual currency)는 특정한 환경, 예를 들어 게임이나 특정 플랫폼 안에서만 사용할 수 있는 디지털 돈이야. 주로 게임머니나 쇼핑몰 포인트 등이 있지. 너희가 게임을 해본 적 있다면 이미 가상화폐를 써본 거나 다름없어.

가장 쉬운 예가 〈리니지〉라는 게임에 나오는 게임 속 화폐 아데나야. 〈리니지〉를 좋아하는 사람들은 아데나를 모아서 게임 속 무기를 사고, 캐릭터를 업그레이드하지. 심지어 이 아데나는 게임 속에서만 쓸 수 있는데도 어떤 사람들은 이걸 실제 돈으로 사고팔기도 했어. 예전에 한 게임 유저가 아데나를 사려고 수백만 원을 썼다는 이야기가 뉴스에 나온 적도 있어.

게임만이 아니야. 과거에는 페이스북 크레딧이라는 가상화폐도 있었어. 사회관계망 서비스인 페이스북에서 게임을 할 때 이 크레딧으로 아이템을 살 수 있는 거지. 아마존 코인 같은 것도 있는데, 온라인 쇼핑몰을 운영하는 종합 인터넷 플랫폼 아마존에서 제공하는 앱이나 게임을 즐기려면 이 코인을 써야 해.

최근에는 빅테크 기업을 중심으로 온라인 간편결제 서비스가 확대되면서 우리 일상에서도 가상화폐가 많이 쓰이고 있어. 금융과 기술, 플랫폼 서비스를 기반으로 한 테크 기업이 만든 네이버페이 포인트나 카카오페이 포인트를 생각해 봐. 네이버에서 물건을 사거나 결제할 때 쌓이는 포인트로 다시 물건을 살 수 있지. 또 카카오택시를 타고 내릴 때 카카오페이로 결제하면 포인트가 쌓이기도 해. 이 포인트는 특정 플랫폼 안에서만 쓸 수 있어서 가상화폐의 한 종류라고 할 수 있어.

블록체인 기술로 관리되는 암호화폐 ──────────○

암호화폐(Cryptocurrency)는 디지털 화폐 중에서도 아주 특별한 존재야. 암호화폐는 컴퓨터 기술을 사용해서 만들어졌고, 주로 블록체인이라는 기술로 관리돼. 가장 유명한 암호화폐는 비트코인이지.

비트코인은 2009년에 세상에 나왔어. 처음에는 "은행 없이 사람들끼리 직접 돈을 주고받으면 어떨까?"라는 아이디어에서 시작됐지. 비트코인의 가장 큰 특징은 중앙에서 관리하는 사람이 없다는 거야. 보통 누군가에게 돈을 보내려면 은행에서 돈을 인출하고 송금해야 하잖아? 은행을 통해 돈을 보내면 은행이 중간에서 기록을 관리하게 되지. 이에 반해 비트코인은 모든 거래 기록이 블록체인이라는 곳에 공개적으로 저장돼. 이 때문에 누구나 거래 내역을 볼 수 있지. 하지만 블록체인 기술 덕에 해킹은 거의 불가능해.

비트코인은 현재도 엄청난 인기를 끌고 있어. 특히 2024년 트럼프 대통령이 재선되면서 미국을 비트코인의 나라로 만들겠다고 발언해 더 많은 이들이 비트코인에 관심을 가지게 되었어. 비트코인에 관한 또 다른 재미있는 이야기도 있어. 2010년에 비트코인으로 피자 두 판을 산 사람이 있었는데, 그때 비트코인 가격은 한 판에 5천 원 정도였대. 그런데 몇 년 뒤 그 비트코인의 가치가 수천억 원으로 오르면서 이 이야기는 "비트코인으로 가장 비싼 피자를 산 사람"이라는 농담으로 더 유명해졌어.

비트코인 말고도 이더리움이라는 암호화폐도 있어. 이더리움은 단순히 돈을 주고받는 것뿐만 아니라, 특정 조건이 충족되면 자동으로 실행되는 '똑똑한 계약(스마트 계약)'을 할 수 있는 시스템으로 한 걸음 더 나아갔지. 또 다른 암호화폐 리플은 국제 송금을 빠르고 저렴하게 처리하는 데 쓰여. 리플은 은행들을 설득해 리플 기술을 도입하고 국제 송금 시간을 단축하게 하려고 노력하고 있지.

이런 암호화폐는 가치가 자주 오르내려서 투자 위험이 큰 편이야. 예전에 비트코인 가격이 엄청나게 올랐다가 갑자기 폭락한 사건도 있었지. 그래서 비트코인 같은 암호화폐는 '디지털 금'으로 여겨지면서 아직은 실제 일상적인 물건을 살 때 결제용으로 사용되기보다는 투자용으로 더 많이 쓰이고 있지.

정부가 직접 관리하는 중앙은행 디지털 화폐(CBDC) ———○

중앙은행 디지털 화폐, CBDC(Central Bank Digital Currency)는 디지털 화폐 중에서도 정부가 직접 보증하는 화폐야. 앞서 이야기한 암호화폐나 가상화폐는 민간 회사나 네트워크가 만들고 관리하지만, CBDC는 나라에서 관리하는 돈이지.

쉽게 설명하자면 현재 현금의 디지털 버전이라고 생각하면 돼. 지금 우리가 쓰는 지폐와 동전처럼, 모든 국민이 사용할 수 있는 돈이지. 하지만 차이점은 이 돈이 스마트폰이나 컴퓨터 안에서만 존재한다는 거야.

CBDC는 이미 몇몇 나라에서 실험 중이야. 중국은 '디지털 위안화'를 만들어 대도시에서 시범적으로 사용하고 있어. 또 바하마에서는 세계 최초로 CBDC를 공식적으로 도입했는데, 이름이 '샌드 달러'야. 이 샌드 달러는 섬나라라는 지역적 특성을 반영해 은행에 가지 않아도 거래할 수 있도록 설계됐어.

CBDC는 암호화폐처럼 블록체인 기술을 사용할 수도 있어. 다만 가장 큰 차이점은 정부가 직접 관리하고 안정성을 보장한다는 거야. 그래서 암호화폐보다 변동성이 적고, 사람들이 더 신뢰할 수 있지.

암호화폐의
핵심 기술,
블록체인

암호화폐를 관리하는 데 블록체인 기술이 쓰인다고 앞에서 이야기 했지? 블록체인 기술은 암호화폐뿐만 아니라 중앙은행 디지털 화폐(CBDC)에도 사용될 수 있어. 이렇게 디지털 화폐를 설명할 때 필수적으로 등장하는 기술이 바로 블록체인 기술이야. 여기서는 블록체인이 어떤 기술인지 이야기해 볼게.

모두에게 투명하고 안전한 기술

블록체인 기술은 간단히 말해 기록을 여러 사람이 함께 관리하는 기술이야. 한 사람이 모든 기록을 책임지는 게 아니라 여러 사람이 동시에 확인하고 관리하기 때문에 훨씬 안전하고 투명하게 관리할 수 있지.

너희 반에서 매일 '누가 청소를 했는지' 기록한다고 해보자. 보통은 청소 부장 한 명이 모든 걸 노트에 적어서 관리하겠지? 그런데 만약 청소 부장이 자기랑 친한 친구의 이름을 일부러 넣지 않거나 이름을 잘못 적거나 일부러 기록을 바꾼다면 어떨까? 문제가 생기고 싸움이 나겠지? 블록체인은 이런 문제를 막기 위해 반 친구들 모두가 기록을 함께 관리하는 방법이라고 생각하면 돼.

예를 들어 누군가 청소를 하면 '오늘은 이린이와 이솔이가 청소를 했다.'라고 적지. 그런데 이 기록을 한 노트에만 적는 게 아니라 반 친구들 모두가 각자 자기 공책에 똑같이 적는 거야. 만약 누군가가 "이린이가 청소 안 했는데 했다고 적었다."라고 주장한다면 다른 친구들의 공책을 확인하면 돼. 모두 같은 내용이면 기록이 맞는 거고, 한 사람만 다르게 적었다면 그 기록은 잘못된 거겠지. 이렇게 하면 모두 같이 관리하니까 청소 부장이 따로 필요 없겠지.

블록체인은 이런 방식으로 모두가 같은 기록을 확인할 수 있는 기술이야. 여기서 더 대단한 점은 이 기록을 블록이라 부르고 새로운 기록이 생길 때마다 이 블록들을 체인처럼 연결한다는 거지. 예를 들어 하루의 기록을 하나의 블록이라고 한다면 공책 하나에 하루의 모든 걸 기록하는 거야. 그리고 다음 날 새로운 공책을 쓰는데, 바로 앞날에 쓴 공책을 새로운 공책 표지와 이어서 풀로 붙이는 거지. 이렇게 하면 전날 기록과 다음날 기록이 모두 이어지게 돼. 그래서 이름이 블록 + 체인, 즉 블록체인이 된 거지!

그렇다면 왜 블록체인이 특별할까? 블록체인은 여러 사람이 함께 기록을 관리하기 때문에 누구 한 명이 마음대로 바꾸거나 조작할 수 없어. 기록을 바꾸려면 모든 사람의 기록을 다 바꿔야 해서 사실상 불가능하지. 내가 청소하기 싫어서 내 이름을 노트에서 빼려면 반 친구들 모두의 기록에서도 빼야 하는 거지. 물론 내 친한 친구들은 이름을 빼 줄 수 있겠지만 인정하지 못하는 친구가 더 많겠지? 이 기술 덕분에 블록체인은 안전하게 정보를 관리할 수 있는 거야.

무궁무진한 블록체인의 활용 분야

그러면 이런 블록체인은 어디에 쓰일까? 블록체인은 비트코인 같은 암호화폐를 관리할 때 많이 쓰여. 예를 들어, 누가 누구에게 비트코인을 보냈는지 기록할 때, 블록체인 기술이 사용돼. 은행 같은 중간 기관 없이도 안전하게 거래를 관리할 수 있는 이유야. 또 블록체인은 게임 아이템 거래, 학교 성적 관리, 병원 진료 기록 관리 같은 다양한 곳에서도 사용할 수 있어. 아마도 앞으로는 더 많은 분야에서 블록체인이 쓰이게 될 거야.

블록체인은 '한 사람이 아닌, 모두가 함께 기록을 관리한다'라는 아이디어에서 시작된 기술이야. 마치 반 친구들이 함께 청소 기록을 확인하고 관리하는 것처럼 말이야. 실제로 이 기술은 현재 우리나라에서 모바일 운전면허증을 발급할 때도 사용되고 있을 정도로 알게 모르게 많이 퍼져있어. 이 기술이 더 발전하면 우리가 사는 세상이 훨씬 더 안전하고 투명해지지 않을까 기대하게 돼.

위기의 순간
빛난 디지털 화폐 :
짐바브웨의 생존 이야기

2008년, 짐바브웨에서는 역사상 최악의 초인플레이션이 발생했어. 물가가 하루에도 몇 배씩 오르면서 돈의 가치는 바닥을 쳤고, 사람들은 지폐를 무더기로 들고 다녀도 빵 한 조각 사기가 힘들었지. 상상해 봐, 손수레에 가득 담긴 돈으로도 한 끼 음식을 사 먹지 못

↳ 짐바브웨에서 발행한 '100조 달러' 지폐
　(출처: 위키피디아)

한다는 게 얼마나 끔찍한 상황인지! 심지어 돈이 너무 흔해지다 보니 사람들은 지폐를 벽지 대신 쓰거나, 종이로 접어서 장난감을 만들기도 했어. '100조 달러' 지폐가 나타나기도 했지. 결국 사람들은 이 무용지물이 된 지폐 대신 새로운 방법을 찾아야 했고, 이때 등장한 것이 바로 '모바일 머니'였어.

모바일 머니로 초인플레이션을 극복한 짐바브웨 ───────○

모바일 머니는 휴대폰을 이용해 돈을 주고받는 시스템이야. 짐바브웨 사람들은 휴대폰 문자 메시지를 활용해 거래를 시작했어. 예를 들어, 농부가 도시에 있는 상인에게 농산물을 팔고 돈을 받으려면, 그저 상인에게 문자로 돈을 전송하면 됐지. 이렇게 송금된 돈은 다시 다른 가게에서 물건을 살 때 쓸 수 있었어. 무거운 지폐를 들고 다닐 필요도 없고, 은행에 갈 필요도 없었지. 이 시스템은 은행 계좌가 없는 사람에게도 거래의 기회를 열어줬어. 한마디로 기술이 경제적 위기를 돌파하는 열쇠가 된 거야.

특히 짐바브웨의 '에코캐시(EcoCash)'는 이런 모바일 머니 시스템의 대표적인 성공 사례로 꼽혀. 에코캐시는 마치 디지털 화폐처럼 사용됐고, 사람들이 은행 없이도 일상적인 거래를 할 수 있게 만들어줬어. 혼란 속에서도 경제가 돌아가게 한 일종의 디지털 화폐였지. 이 시스템은 단순한 결제 수단을 넘어 사람들이 다시 서로를 믿고 거래할 수 있도록 만들어줬어.

이 사례는 디지털 화폐가 단순히 미래의 기술이 아니라 지금도 현실에서 중요한 역할을 할 수 있다는 걸 보여줘. 특히 경제적 위기 상황에서 디지털 화폐는 기존의 화폐 시스템이 무너졌을 때 사람들에게 새로운 희망이 될 수 있지. 짐바브웨의 이야기는 단순한 금융 기술의 발전을 넘어서, 화폐가 어떻게 우리의 삶을 지탱하고, 세상을 움직이는 힘이 될 수 있는지 생생하게 보여주는 사례야. 앞으로 디지털 화폐가 더 발전하면, 이런 혁신은 더 많은 곳에서 사람들을 돕고 세상을 변화시킬 거야.

3장

디지털 화폐
혁명의
선구자들

전 세계가
하나의 화폐를 사용한다면
어떨까?

존 메이너드 케인스(John Maynard Keynes)라는 이름을 들어본 적있어? 그는 경제란 무엇이고, 돈은 왜 중요한가에 대해 끊임없이 고민한 영국의 천재 경제학자야. 케인스는 세계 대공황이라는 큰 경제 위기의 해법을 제시한 주인공이기도 해. 지금 우리가 배우는 경제학의 많은 부분이 그의 아이디어에서 시작됐다고 해도 과언이 아니지. 그런데 그가 세상에 던진 질문 중 하나가 아주 독특했어. 바로 "세상에 하나의 화폐만 있으면 어떨까?"라는 질문이었어.

세계 공용 화폐 '방코르' 도입을 제안한 케인스

케인스가 이런 생각을 한 데는 당시의 시대 상황이 크게 작용했어. 그가 본격적으로 이름을 알리게 된 건 1930년대 대공황 때문이야.

그때는 미국뿐만 아니라 전 세계가 경제 대혼란에 빠져있었지. 사람들이 돈을 쓰지 않고 모두 움켜쥐고 있었고, 돈의 가치가 점점 높아지는 디플레이션이 발생했어. 쉽게 말하면 돈의 가치가 내일 더 오를 거라고 믿으니 오늘 아껴 쓰게 되는 거야. 예를 들어, 지금 과자 하나를 사려면 1,000원이 드는데 내일 그 과자가 500원이 된다면 굳이 지금 사려고 하지 않겠지? 문제는 사람들이 돈을 쓰지 않으니 가게는 망하고 공장은 문을 닫고 사람들은 일자리를 잃게 된 거야. 일자리를 잃은 사람들은 더 돈을 쓰지 않는 악순환이 생긴 거지.

케인스는 "돈은 돌아야 한다"라고 강하게 주장한 경제학자였어. 그의 해결책은 간단했지. 사람들이 돈을 쓰지 않으니 국가가 나서서 대신 돈을 써야 한다는 거였어. 예를 들어, 정부가 다리를 짓거나 공원 만드는 일을 벌이면 사람들이 일자리를 얻고, 그렇게 일해서 번 돈으로 사람들이 다시 소비를 하게 되는 거지. 그렇게 돈이 돌고 도는 구조가 만들어지면 경제가 살아난다는 거였어. 이 아이디어는 당시로서는 정말 신선했고, 실제로 미국의 루즈벨트 대통령은 대공황을 극복하기 위해 이 아이디어를 바탕으로 뉴딜 정책을 추진했지.

케인스는 이 아이디어에서 멈추지 않았어. 그는 더 큰 생각을 했지. "만약 전 세계가 하나의 화폐를 사용한다면 어떨까?" 지금은 각 나라가 자국만의 돈을 쓰잖아. 한국의 원화, 미국의 달러, 일본의 엔화처럼. 그런데 이렇게 각 나라의 돈이 다르면, 무역할 때마다 돈을 바꾸는 번거로움이 생겨. 환율도 항상 변하니까 경제가 불안정해지기 쉽고. 케인스는 이런 문제를 해결하기 위해 '방코르 (bancor)'라는 세계 공통 화폐를 제안했어. 케인스가 구상한 방코르 는 모든 나라가 함께 사용하는 화폐로, 전 세계 경제를 안정적으로 만들 수 있는 시스템이었지.

1944년 세계 44개국 대표들이 참가한 국제 통화 금융 회의인 브레턴우즈 회의에서 케인스는 세계 화폐 '방코르'의 창설과 국제 중앙은행의 설립을 제안했어. 하지만 방코르는 실현되지 못했지. 달러를 기축 통화로 만들어 세계 경제를 주도하려 한 미국의 반대 에 부딪히고 만 거야. 결국 미국 달러가 세계 화폐의 역할을 맡게 되었어.

당시 미국은 전 세계 금의 75%를 가지고 있었는데, 미국이 "달 러는 금과 교환할 수 있으니 믿고 사용해도 된다"라고 약속하면서 달러가 세계의 중심 화폐가 된 거야. 이 시스템은 금본위제를 기반 으로 한 거지. 이렇게 달러는 전 세계에서 가장 신뢰받는 화폐가 되었고, 다른 나라들은 자국 돈의 가치를 달러에 맞추게 됐어.

'방코르 아이디어'가 끼친 영향

이러한 금본위제도 영원히 계속되진 못했어. 1970년대에 미국이 베트남 전쟁을 치르면서 돈을 너무 많이 찍어낸 게 문제가 됐지. 사람들이 미국 달러를 금으로 바꾸려 해도 미국은 더는 약속을 지 킬 만한 금을 보유하지 못했어. 결국 1971년에 닉슨 대통령이 금본위제를 폐지했고, 달러는 금과 상관없는 명목화폐가 되었어. 명목화폐는 금 같은 실물 자산으로 뒷받침되지 않고도 정부가 보증한다는 신뢰만으로 사용하는 돈을 말해. 금본위제가 폐지되고 명목화폐가 되었어도 달러는 여전히 세계 경제의 중심으로 남았지. 왜냐하면 미국 경제가 워낙 크고 안정적이었기 때문이야.

한편, 유럽은 자신들만의 화폐를 만들고 싶어 했어. 그래서 나온게 바로 유로화야. 유로는 유럽연합(EU)의 여러 나라가 사용하는 공통 화폐로, 1999년에 도입되었지. 덕분에 유럽에서는 환율 문제가 줄고 무역이 더 편리해졌어. 하지만 유로는 달러만큼 강력한 영향력을 지니진 못했어. 왜냐하면 유럽연합 안에서도 각 나라의 경제 상황이 달라서 문제가 생기곤 했거든. 예를 들어 독일은 경제가 튼튼한 편이나 그리스는 경제 위기로 유로화 시스템을 흔든 적도 있었지.

비록 케인스의 '방코르'는 실현되지 않았지만 세계 공통 화폐에 관한 그의 아이디어나 '인플레이션과 디플레이션이 발생하지 않도록 전 세계가 더 안정적이고 효율적으로 경제를 운영해야 한다'라는 그의 생각은 지금도 많은 경제 정책에 영향을 미치고 있어.

'돈은 그 자체로 의미가 있는 게 아니라 사람들이 더 나은 삶을 살 수 있도록 돕는 도구'라는 케인스의 생각을 잊지 말자!

존 메이너드 케인스
1883년~1946년

영국의 경제학자로 거시 경제학을 만들고 정리
했다. 시장에만 경제를 맡기는 것보다 정부의 개
입과 보완책이 중요하다고 주장했다.

이번에 소개할 데이비드 차움(David Chaum)은 추적 불가능한 돈의 혁명가라 불리는 사람이야. 추적 불가능한 돈? 이게 무슨 말일까? 대개 돈이라는 건 어디서 왔는지, 누가 얼마를 썼는지 기록되게 되어 있어. 화폐의 출처와 일련번호를 통해, 또 신용카드 사용 흔적을 통해 발행처나 사용처를 알 수 있는 거지. 그런데 누가 무슨 돈을 썼는지 아무도 알 수 없다면 어떨까? 바로 이런 개념을 최초로 만들어 낸 사람이 데이비드 차움이야. 그는 '사이퍼펑크(cyberpunk)의 아버지'라고도 불려. 왜 그런 별명이 붙었는지 궁금하지 않아?

사이퍼펑크는 간단히 말하면 컴퓨터나 정보 기술이 지배되는 사회에서 개인의 자유를 강조하며 저항하는 사람들 또는 이를 다룬 문화를 말해. 요즘 우리는 인터넷이나 스마트폰을 많이 쓰잖아? 그런데 정부나 회사가 우리가 인터넷에서 하는 일을 다 보고 감시한다면 어떨까? 무섭겠지? 사이버펑크를 따르는 이들은 이런 감시에 반대하고, 사람들이 프라이버시(사생활)를 지킬 수 있도록 기술을 사용하는 게 중요하다고 생각해. 이들은 이렇게 말하지.

"기술은 사람들을 더 자유롭게 만들어야 해. 기술이 오히려 사람을 감시하거나 통제하는 데 쓰여선 안 돼."

감시당하지 않는 돈으로 자유를 얻다!

데이비드 차움과 같은 사람은 이런 관점에서 암호화 기술을 만들어서 사람들이 안전하게 소통하고 돈을 거래할 수 있게 하려고 노력했어. 예를 들어, 네가 친구랑 메시지를 주고받을 때 그 내용을 아무도 못 보게 암호로 바꿀 수 있는 기술이 있어. 메신저 중에 텔레그램과 같은 앱이 바로 이런 기술을 활용해서 다른 사람이 함부로 내 메시지를 볼 수 없게 하고 있지. 덕분에 메시지를 주고받는 사람만 내용을 볼 수 있어. 이런 것이 바로 사이버펑크 정신에서 나온 기술이야.

또 재미있는 예로, 사이버펑크는 암호화폐에도 큰 영향을 줬어. 예를 들어, 비트코인은 사이버펑크의 정신을 담은 돈이라고 할 수 있어. 정부나 은행을 통하지 않고도 전 세계 누구와도 안전하게 돈을 주고받을 수 있는 화폐이기 때문이지. 돈이 어떻게 사용되는지 감추는 기술을 쓰니까 사생활도 보호되지.

"기술은 사람들의 권리를 지키는 데 써야 한다"라는 것이 사이버펑크의 핵심 주장이야. 그냥 멋지게 보이는 기술이 아니라 사람들이 자유롭게 말하고 행동할 수 있도록 돕는 기술이 중요하다고 믿는 거지. 요즘 우리가 사용하는 암호화된 메시지, 디지털 화폐는 모두 사이버펑크 정신 덕분에 탄생했다고 볼 수 있어.

암호화폐의 개념을 창시한 컴퓨터 과학자 데이비드 차움도 사람들이 기술을 통해 자유를 얻어야 한다고 믿었어. 예를 들어, 네가 친구랑 대화를 나눌 때 누군가 몰래 엿듣지 않길 원하잖아? 마찬가지로, 네가 돈을 쓸 때도 누가 어디에 얼마나 썼는지 감시당하지 않기를 바란 거지.

데이비드 차움은 이런 생각을 바탕으로 이캐시(e-Cash)라는 디지털 화폐를 만들었어. 이캐시는 지금 우리가 알고 있는 비트코인이 나오기 훨씬 전인 1989년에 처음 세상에 나왔는데, 그냥 단순한 아이디어 차원에 머문 것이 아니라 실제로 사용되었어. 독일의 도이치뱅크 같은 큰 은행에서도 이캐시를 사용해 거래했고, 사람들도 이캐시로 물건을 사거나 서비스를 이용할 수 있었지.

추적 불가능한 디지털 돈의 시초 '이캐시' ——————o

그렇다면 이캐시는 왜 특별했을까? 이캐시는 '추적 불가능한 디지털 돈'의 시작이었어. 차움은 "내가 돈을 어떻게 쓰는지 아무도 알 수 없게 하자"라고 생각했어. 예를 들어볼게. 네가 학교 매점에서 과자를 산다고 해보자. 보통은 네가 돈을 내면, 매점 주인은 네가 어떤 과자를 샀는지 알게 되고, 그 기록이 남을 수도 있어. 그런데 이캐시를 쓰면 과자를 산 건 알 수 있어도 누가 샀는지는 전혀 모르게 돼. 이렇게 하면 돈을 사용하는 사람의 프라이버시가 완벽히 보호될 수 있지.

데이비드 차움이 이캐시를 만든 이유는 단순히 '신기한 기술'을 보여주기 위해서가 아니었어. 그는 사람들이 디지털 세상에서 살아가면서 점점 개인정보의 노출이 늘고 자유를 잃게 되는 걸 걱정했어. "돈을 어떻게 쓰는지 모두가 감시받는다면, 사람들은 진짜 자유를 잃게 될 거야!" 이런 생각을 한 거지.

이캐시는 실제 사용되기도 할 만큼 실효성이 높았는데, 왜 지금은 쓰이지 않을까? 사실 이캐시는 꽤 성공적이었지만, 몇 가지 문제가 있었어. 첫 번째로, 이캐시를 쓰려면 많은 기술과 인프라가 필요했어. 여기서 인프라란 쉽게 말해 이캐시를 사용하기 위해 필요한 기반 시설이야. 당시에는 아직 이 인프라 준비가 덜 되어 있었어. 두 번째로, 차움이 꿈꿨던 '완벽한 자유'가 모두에게 필요한 건 아니었어. 예를 들어, 어떤 사람들은 거래가 너무 비밀스러우면 범죄에 악용될 수 있다고 걱정했어. 이렇게 여러 이유로 이캐시는 점점 사라지게 됐지.

재미있는 건 데이비드 차움은 비트코인과 같은 암호화폐의 개념을 처음으로 제시한 사람이지만 정작 비트코인에 대해서는 부정적이었다는 거야. 그가 비트코인에 부정적이었던 이유는 비트코인의 거래 기록은 모두가 볼 수 있기 때문이었지. '추적 불가능한 돈'을 꿈꿨던 차움에게 비트코인은 그의 이상과 다르게 느껴졌던 거야. 결국 차움은 자신이 원하는 세상을 만들지 못했어. 하지만 그의 아이디어는 지금도 많은 사람에게 영감을 주고 있어.

"돈은 단지 거래 수단일 뿐, 누군가를 감시하는 도구가 되어서는 안 된다."라는 그의 말은 디지털 시대를 살아가는 우리에게도 여전히 중요한 의미가 있어. 앞으로 디지털 화폐가 우리 삶에 어떤 영향을 미칠지는 우리가 좀 더 고민해 봐야 할 숙제가 될 거야.

데이비드 차움
1955년~

미국의 컴퓨터 과학자이자 암호학자. 프라이버시 보호를 위해 기술을 사용해야 한다고 믿는 '사이퍼펑크'의 선구자이기도 하다.

암호화폐의
역사를 만든
숨은 조력자

암호화폐 하면 보통 비트코인을 떠올리고, 비트코인 하면 흔히 비트코인을 창시한 사토시 나카모토를 떠올리지. 하지만 여기 암호화폐의 진정한 아버지로 불리는 인물이 한 명 더 있어. 바로 닉 자보(Nick Szabo)야.

닉 자보는 컴퓨터 과학자이자 암호학자로, 오늘날 우리가 알고 있는 암호화폐와 스마트 계약 개념을 만든 선구자야. 비트코인을 직접 만든 건 아니지만, 그가 만들어 낸 아이디어는 비트코인의 핵심 원리에 깊은 영향을 줬어. 그래서 사람들은 종종 그를 비트코인의 창시자인 사토시 나카모토라고 추측하기도 해.

닉 자보가 가장 먼저 주목받은 건 1998년에 고안한 '비트 골드(Bit Gold)'라는 개념 때문이야. 이는 비트코인의 초기 버전으로, 인터넷상에서 금처럼 희소하고 신뢰할 수 있는 디지털 자산을 만들려는 시도였어. 시스템 내에서 컴퓨터를 사용해 암호화된 퍼즐을 풀면 비트 골드를 얻을 수 있는 방식이었지. 퍼즐은 점점 어려워져서 더 많은 노력(컴퓨팅 파워)을 필요로 했어. 마치 금을 채굴하는 것과 비슷했지. 그래서 이름도 비트 '골드'라고 지은 거야.

비트코인을 만든 첫걸음, '비트 골드'와 '스마트 계약' ————○

이 비트 골드는 실제로 시장에 상용화되지는 못했어. 그렇지만 비트코인에 많은 영향을 줬어. 비트코인의 설계 방식 중 많은 부분이 비트 골드에서 아이디어를 얻었지. 그래서인지 사람들은 "닉 자보가 사토시 나카모토인 것 아냐?"라고 이야기하기도 해.

닉 자보의 업적은 여기서 끝이 아니야. 그는 스마트 계약(Smart Contract)이라는 개념도 처음으로 제시했어. 이건 우리가 이더리움 같은 블록체인 플랫폼에서 사용하는 핵심 기술이야. 닉 자보는 스마트 계약을 쉽게 설명하기 위해 음료 자판기를 예로 들었어.

"음료 자판기에 1달러를 넣으면 물 한 병이 나온다."라는 것은 일종의 계약이잖아. 돈을 넣으면 음료가 나오는 시스템은 사람 간의 신뢰나 중개인이 필요 없지. 닉 자보는 이 개념을 디지털로 확장해서 사람들이 자동으로 계약을 체결하고 실행할 수 있는 시스템을 구상했어. 이 아이디어는 2013년에 비탈릭 부테린(Vitalik Buterin)이 이더리움을 만들면서 실현됐지.

닉 자보는 자신은 비트코인 창시자가 아니라고 말했어. 하지만 이와 별개로 암호화폐와 블록체인이 세상을 바꿀 가능성에 대해서는 항상 긍정적이었지.

블록체인 기술의 아버지, 닉 자보 ───────────○

닉 자보가 주장하는 핵심은 단순해. "돈은 신뢰를 기반으로 해야 한다." 그는 은행이나 정부가 아니라, 누구나 동등하게 참여할 수 있는 분산 시스템이 진정한 자유와 공정함을 가져올 거라고 믿었어. 분산 시스템은 모든 사람이 정보를 함께 나누어 관리하고 기록하는 방식이지. 앞서 2장에서 설명한 블록체인 기술 이야기와 같아. 그리고 비트 골드와 스마트 계약은 그런 그의 철학을 실현하는 첫걸음이었지.

  닉 자보는 암호화폐의 역사를 만든 숨은 조력자야. 그의 아이디어와 혁신은 비트코인뿐 아니라 앞으로 우리가 상상할 수 없는 새로운 기술과 시스템에도 큰 영향을 줄 거야.

닉 자보
1964년~

미국의 컴퓨터 공학자이자 법학자. 그가 주장한 '스마트 계약'과 '비트 골드'는 '이더리움' 등 많은 암호화폐에 큰 영향을 미쳤다.

04 의사 선생님이 진단한 돈의 미래

혹시 의사가 새로운 돈을 만들었다는 얘기 들어본 적 있어? 이건 단순한 농담이 아니야. 실제로 미국의 한 내과 의사가 돈의 미래를 고민해서 만든 디지털 화폐가 있었거든. 바로 더글러스 잭슨(Douglas Jackson)이라는 의사인데, 그는 낮에는 환자들을 열심히 치료하고 밤이면 돈과 경제에 대해 연구하곤 했어. 그러다 "지금의 화폐 시스템은 너무 문제가 많아. 새로운 방식이 필요해!"라고 생각했지.

금 기반의 디지털 화폐, 이골드

잭슨은 1971년 미국 달러를 금으로 바꿔주는 화폐 시스템인 금본위제가 무너지고 중앙은행이 돈을 마음대로 찍어 내면서 물가가 오르고 경제가 불안정해졌다고 믿었어.

"이대로는 안 된다. 금처럼 안정적이면서도 인터넷 시대에 맞는 새로운 돈이 필요하다!"

그는 이런 생각으로 이골드(E-gold)라는 금 기반 디지털 화폐를 만들었어. 의사 일을 그만두고 본격적으로 개발자들을 고용해서 밤낮없이 새로운 시스템을 개발했지.

이골드는 정말 새롭고 놀라웠어. 작동 방식도 꽤 간단했지. 사람들이 잭슨의 회사에 금이나 돈을 맡기면, 회사가 그걸 금으로 바꿔서 미국과 두바이의 금고에 보관하고 고객 계좌에는 이골드라는 디지털 돈이 충전되는 방식이었어.

이골드는 진짜 금과 같은 가치를 가지면서도, 인터넷으로 빠르게 거래할 수 있었어. 예를 들어, 금 1g을 잘게 나눠서 거래하기는 어렵잖아? 하지만 이골드는 0.001g 단위로 나눌 수 있었기에 소규모 결제나 거래도 유용하게 가능했어. 게다가 국경을 넘어 돈을 보낼 때도 수수료가 거의 들지 않았고, 환전 문제도 없었지. 당시로서는 굉장히 혁신적인 디지털 화폐였어.

이골드는 특히 인터넷 쇼핑이 유행하던 2000년대 초에 큰 인기를 끌었어. 사람들은 이골드로 빠르고 싸게 결제할 수 있다는 점을 특히 좋아했어. 예를 들어, 신용카드로 물건을 사면 보통 2~5%의 수수료를 내야 하지만, 이골드는 0.5%밖에 안 됐거든.

인터넷으로 물건을 살 때도 클릭 몇 번이면 결제가 끝났고, 전 세계 어디서나 사용 가능했어. 그래서 165개국에서 350만 개 이상의 계정을 확보했고, 보관한 금의 양도 3.8톤에 이를 정도로 규모가 커졌어.

2006년도 이골드는 연간 20억 달러, 한국 돈으로는 26조 원 이상의 거래를 처리했어. 이는 당시 해외 결제 및 온라인 쇼핑 결제 분야에서 페이팔(PayPal)에 이어 가장 많이 사용된 디지털 화폐 결제 시스템으로 기록되었지.

그런데 이렇게 잘 나가던 이골드가 갑자기 하루아침에 무너졌어. 미국 정부가 이골드를 조사하기 시작한 거야. 9·11 테러 이후 미국은 테러 자금을 추적하기 위해 송금 업체들을 강하게 규제했어. 이골드도 그 규제 대상이 된 거지.

문제는 일부 사용자들이 이골드를 불법 거래나 돈세탁에 이용했다는 사실이 알려진 거야. 실제로 누군가 이골드를 이용해 불법적인 물품을 구매했다는 정황이 드러났어. 잭슨은 문제 해결을 위해 정부와 협력해서 가지고 있는 모든 자료를 제공했지. 하지만 미국 법무부는 그를 자금 세탁 방지법 위반으로 기소했고, 결국 이골드는 2008년 완전히 문을 닫게 돼.

여기서 재미있는 건, 잭슨이 수사기관에 협조하기 위해 불법 거래자들의 정보를 넘긴 게 오히려 사용자들의 신뢰를 잃는 계기가 됐다는 거야. 사람들은 "이골드는 안전하다고 했으면서 결국 정보를 넘겼네!"라며 등을 돌렸어. 이골드는 사용자를 보호한다는 원칙과 정부의 규제 사이에서 딜레마에 빠진 거지.

이골드는 실패했지만, 그 정신은 살아 있다 ─────○

이골드의 실패는 물론 잭슨의 잘못때문만은 아니었어. 정부가 민간에서 만든 화폐를 받아들이지 않은 점도 크게 작용했다고 볼 수 있지. 당시 미국은 "화폐는 국가만이 발행할 수 있다"라는 원칙을 지키기 위해 이골드를 강하게 탄압했어. 결국 이골드는 사라졌지만, 이골드의 탄생과 역사는 디지털 화폐의 가능성을 보여준 중요한 사례로 남아 있지.

홍미롭게도 이골드가 실패한 바로 그해, 비트코인이 세상에 등장했어. 비트코인은 이골드의 단점을 보완하면서 탄생했지. 금 같은 실물을 기반으로 하지 않고, 중앙 서버도 없어서 정부가 통제할 수 없는 구조로 설계된 거야. 잭슨의 실패가 비트코인 같은 새로운 디지털 화폐의 탄생에 영감을 준 셈이지.

잭슨의 시도는 단순히 실패로 끝난 게 아니야. 그는 사람들이 더 나은 금융 시스템을 꿈꿀 수 있도록 새로운 가능성을 열어줬어. "내과 의사가 왜 돈에 대해 고민했을까?"라고 생각할 수도 있지만, 그의 도전은 지금도 디지털 화폐의 역사에서 중요한 한 페이지로 남아 있어. 이골드는 끝났지만, 그 정신은 여전히 살아 있다고 볼 수 있지!

더글러스 잭슨

1961년~

미국의 내과 의사이자 '이골드'를 운영하는 '골드 앤실버리저브'의 설립자. 한때 이골드는 온라인 결제 업계에서 페이팔 다음으로 큰 규모를 자랑했다.

암호화폐의
새로운 세상을 연
비트코인

사토시 나카모토(Satoshi Nakamoto)라는 이름, 들어본 적 있어? 바로 비트코인 개발자로 알려진 사람이야. 진짜 신기한 건, 이 사람이 누군지 아무도 모른다는 거야! 이름만 보면 일본 사람 같잖아? 근데 일본어를 쓴 적이 없고, 영어만 썼대. 그것도 미국식 영어랑 영국식 영어를 섞어서 썼다나? 그래서 일본 사람이 아니고, 일부러 정체를 숨기려고 한 거라는 말도 있어. 심지어 사토시 나카모토가 한 명이 아니라 여러 명일지 모른다는 얘기도 있지.

2009년, 세상에 모습을 드러낸 비트코인

이 사람은 2008년 인터넷에 〈비트코인: 개인 간(Peer-to-Peer) 전자 화폐 시스템〉이라는 제목의 논문을 올렸어. A4 용지 9쪽 분량으로 길이도 그렇게 길지 않아. 은행 같은 중간 기관 없이도 사람들끼리 직접 돈을 주고받을 수 있는 새로운 시스템을 만들겠다는 내용이었지. 이어 그는 실제로 2009년 비트코인을 처음 세상에 내놨어. 처음엔 사람들도 "이게 뭐야? 게임 아이템인가?" 하면서 관심이 별로 없었대. 그런데 시간이 지나며 알아보고 사용하는 사람들이 늘면서 점점 가치가 올라가기 시작했어.

사토시는 2010년까지 직접 비트코인의 코드를 수정하고 다른 개발자들과도 소통했어. 그러다가 어느 날 갑자기 활동을 멈춰 버렸어. 그 이후로는 이 사람이 어디로 갔는지, 무슨 일을 하고 있는지 아무도 모르는 상태야. 마지막으로 남긴 메시지에는 다른 개발자들에게 "잘 부탁한다"라는 말을 남겼대. 이렇게 깔끔하게 뒤를 끊어버리다니 정말 미스터리 그 자체지.

베일에 싸인 비트코인의 창시자, 사토시 나카모토 ───────○

사람들은 이 비밀을 풀어보려고 엄청난 노력을 했어. 다큐멘터리도 만들고, 과거의 활동 기록을 추적하며 "누가 진짜 사토시일까?" 찾으려 했지. 심지어 자기 자신이 사토시 나카모토라고 주장하는 사람도 나타났어. 어떤 사람은 비트코인을 만들 때 사용된 코드나 문서를 보여주며 증명하려 했고, 또 어떤 사람은 "내가 사토시야!" 하고 당당하게 선언하기도 했지. 하지만 결론은 전부 아니었어.

더 놀라운 건 사토시 나카모토가 초창기에 채굴했던 비트코인이야기야. 사토시는 약 100만 개의 비트코인을 채굴했는데, 그 비트코인이 아직도 사토시의 지갑에 그대로 있대. 이게 어느 정도냐면, 비트코인이 1개에 1억 원이라고 하면, 100조 원이야! 상상이 가지 않는 액수지. 지금까지 아무리 비트코인의 가격이 폭등하고 폭락해도 그 비트코인은 전혀 거래되지 않았다고 해.

그런데 왜 사토시는 비트코인을 쓰지 않았을까? 일부 사람들은 사토시가 비트코인의 철학을 지키기 위해서, 혹은 자신의 정체가 드러나는 걸 피하려고 그런 거라 짐작하기도 해. 또 다른 사람들은 혹시 사토시가 이미 세상을 떠났기 때문일 수도 있다고 생각해. 만약 사토시가 이미 세상을 떠났다면, 그 100만 비트코인은 영원히 잠들어 있게 되겠지.

사토시 나카모토는 비트코인을 만들었을 뿐만 아니라 암호화폐라는 새로운 세상을 열었어. 비트코인이 이렇게까지 성공할지 아무도 몰랐을 때, 그는 이미 그 가능성을 봤던 거야. 사토시가 누구든 간에 그의 이야기는 그 자체로 놀랍고 흥미로워. 비트코인을 이해하려면 사토시 나카모토라는 이름을 잊어선 안 될 거야.

사토시 나카모토
생몰년 미상

비트코인개발자로 알려진 인물. 2009년 세계 최초의 암호화폐인 비트코인을 개발했다. 그의 정체는 아직까지 밝혀지지 않았다.

스마트 계약으로 다양하게 퍼져나가는 플랫폼, 이더리움

비탈릭 부테린(Vitalik Buterin). 이름부터 좀 특이한 이 사람은 바로 이더리움을 만든 천재 프로그래머야. 천재인 만큼 괴짜이기도 한데 중요한 자리에서 발표할 때면 언제나 특이한 티셔츠를 입고 등장하는 것으로도 유명해. 이 사람이 만든 이더리움은 블록체인 플랫폼이자 이 플랫폼의 자체 통화 이름이기도 해. 비트코인이 주로 결제에 사용된다면, 이더리움은 그 위에 프로그램까지 만들고 실행할 수 있는 플랫폼이야. 이걸 만든 사람이 바로 러시아 태생의 젊은 천재, 비탈릭 부테린이지.

젊은 천재 비탈릭이 만든 새로운 블록체인 세상

비탈릭은 1994년에 러시아에서 태어났어. 그런데 어릴 때 부모님과 함께 캐나다로 이민 가면서 캐나다에서 자랐지. 이 사람이 얼마나 똑똑했냐면, 유치원 때 이미 엑셀을 다룰 줄 알았대. 심지어 엑셀로 여러 가지 프로그램 같은 걸 만들면서 놀았다고 하니, 어릴 때부터 남다른 머리를 가지고 있었나 봐.

비탈릭은 고등학생 때 비트코인이라는 걸 처음 접하게 돼. 계기는 조금 황당해. 비탈릭은 '월드 오브 워크래프트'라는 게임을 좋아했는데, 게임 회사가 캐릭터 능력을 수정하면서 마음이 확 상했대. 쉽게 이야기하면 비탈릭이 아끼던 캐릭터가 '너프'를 당하면서 (너프는 온라인 게임에서 스킬이나 아이템 능력이 약해지는 걸 말해) 충격을 받고 결국 게임을 그만뒀다고 해. 그때 "중앙에서 모든 걸 통제하는 시스템은 문제가 많다"라고 느낀 비탈릭은 마침 아빠가 알려준 비트코인에 관심을 갖게 돼. 그렇게 게임을 그만두면서 비트코인을 접하게 된 거야.

비트코인을 알려준 비탈릭의 아빠는 컴퓨터 공학자여서 그런 쪽에 관심이 많았어. 비탈릭도 흥미가 생기면서 더 찾아 보고 글도 쓰고 하다 보니, 결국 너무 좋아하게 된 거지. 하지만 비탈릭은 비트코인을 직접 채굴하기 위한 컴퓨터 장비도 없었고, 비트코인을 살 돈도 없었어. 대학생 때는 비트코인 관련 글을 쓰면 돈 대신 비트코인으로 받기도 했다고 해. 그때는 비트코인 하나가 지금처럼 비싸지 않아서 글 한 편에 비트코인 다섯 개 정도 받았대. 비트코인 하나가 1억 원이 넘는다고 생각하면 지금 가치로는 엄청난 돈이지만 말이야.

그렇게 비트코인을 공부하다 보니 비탈릭은 뭔가 여러 아쉬운 점을 느끼게 돼. 그래서 "비트코인처럼 탈중앙화된 시스템이면서도, 그 위에서 다양한 프로그램을 실행할 수 있는 새로운 블록체인을 만들어 보자!"라고 결심하게 되지. 그게 바로 이더리움이야. 비트코인이 '디지털 금'이라면 이더리움은 '디지털 만능 도구' 같은 거지.

'스마트 계약'을 바탕으로 한 '디지털 만능 도구'

비탈릭은 대학도 중퇴하고 이 프로젝트에 올인 했어. 이더리움 백서를 작성하고 전 세계 개발자들을 모아서 2015년 이더리움을 세상에 내놨지. 이때 말하는 백서는 어떤 프로젝트나 아이디어에 대한 계획과 목적, 작동 방식을 자세히 설명한 문서를 말해, "왜 이걸 만들고 이게 어떻게 돌아가는지 알려줄게!" 하는 안내서라고 생각하면 돼.

이 이더리움 백서에 가장 중요한 개념이 하나 등장하는데,, 바로 '스마트 계약(Smart Contract)'이라는 개념이야. 스마트 계약은 계약 내용을 미리 정해놓고, 그 조건에 만족하는 상황이 되면 자동으로 실행되는 프로그램이야. 예를 들어, 네가 친구한테 "숙제 다 하면 밥을 사줄게"라는 약속을 한다고 치자. 이때 친구가 숙제를 다 했는지 안 했는지 네가 직접 확인하고 밥을 사줄 필요는 없어. 스마트 계약이 알아서 조건을 확인하고 이제 밥을 사줘야 한다고 알려주기 때문이야. 정말 편리하지?

사실 블록체인 위에 여러 프로그램과 새로운 코인들을 만들 수 있게 된 건 다 이더리움 덕분이야. 요즘 나오는 많은 코인은 대부분 이더리움 위에서 만들어진 거야. 비탈릭 덕분에 암호화폐 세계가 훨씬 더 커지고 다양해진 거지.

이더리움의 등장에 사람들의 반응은 엄청 좋았어. 처음에는 "야, 이게 될까?" 하며 걱정하는 사람들이 많았는데, 지금은 오히려 "와, 대박이다!"라며 열광적인 반응을 보내고 있어. 그래서 지금 이더리움은 비트코인 다음으로 유명한 암호화폐가 됐고, 비탈릭은 진짜 대단한 사람으로 인정받게 됐지.

여기서 재미있는 사실 하나 더! 비탈릭은 자신의 이더리움을 거의 팔지 않고 대부분 가지고 있다고 해. 그러니 "혹시 투기하려고 만드는 거 아니야?"라고 의심하던 사람들의 시선도 다 사라졌어. 지금 비탈릭이 가지고 있는 이더리움만 27만 개가 넘는다고 해. 이더리움 하나가 450만 원이라고 치면, 무려 1조 원이 넘는 돈이야! 하지만 비탈릭은 이런 돈에 집착하기보다 "이더리움이 세상을 더 좋게 바꿀 수 있다."라는 신념에 집중하며 계속 일하고 있어.

비탈릭의 이야기는 단순히 돈이나 기술 이야기가 아니야. 어린 시절에 실망했던 일에서 시작해서 자신만의 열정과 신념으로 세상을 바꾸는 기술을 만들어 낸 한 천재의 이야기야. 이더리움 덕분에 우리는 더 많은 가능성을 손에 넣게 되었어. 앞으로 이 기술이 어떻게 세상을 바꿀지 정말 기대되지 않니?

비탈릭 부테린

1994년~

러시아에서 태어난 프로그래머이자 작가. 블록체인 플랫폼 이더리움의 개발자로 2세대 암호화폐 시대를 열었다.

현금 없이
사는 나라,
중국 이야기

마윈은 중국 최대의 온라인 전자상거래 플랫폼인 알리바바를 창시한 인물로 유명해. 그는 중국 저장성 항저우라는 도시에서 태어났지. 어릴 때는 특별할 게 없는 평범한 아이였어. 그런데 영어를 배우고 싶다는 열정만큼은 대단해서, 어린 시절에 일부러 관광지에 가서 외국인에게 먼저 말을 걸고 가이드 역할까지 하면서 영어를 배웠어. 덕분에 영어 실력은 금방 늘었고, 그게 그의 인생을 통째로 바꿔 놓는 계기가 되었어.

그는 수학에 너무 약해서 입시에 몇 번이나 실패한 후 겨우 대학에 들어갔어. 결국 항저우 사범대학에 들어가서 영어를 공부했고, 졸업 후엔 영어 강사가 되었어. 학생들 사이에선 정말 인기 많은 선생님이었는데, 강의가 재미있고 열정적이어서 다른 반 학생들까지 몰래 와서 듣곤 했대. 하지만 마윈은 교사로 평생을 살고 싶진 않았어. 뭔가 더 큰 일을 하고 싶었던 거지.

마윈의 알리페이가 현금 없는 중국을 만든 방법 ────○

어느 날 그는 인터넷을 처음 접하게 됐어. '맥주'라는 단어를 검색해 보니까 다른 나라의 맥주 정보는 많은데 중국 맥주에 관한 건 아무것도 없었어. 그걸 보고 그는 깨달았어. "인터넷이란 게 대단한 가능성을 가지고 있지만 중국은 아직 시작도 못 했구나." 하고 말이야. 그렇게 그는 인터넷 사업을 하기로 결심했어.

처음에는 홈페이지 만들어 주는 회사를 차렸어. 하지만 인터넷을 잘 모르는 사람들이 많아서 사기꾼 취급을 받기도 했지. 그래도 그는 포기하지 않았어. 결국 그는 1999년 알리바바라는 회사를 창업하게 돼. 초창기 알리바바는 중국의 중소기업들이 상품을 전 세계에 팔 수 있도록 돕는 전자 상거래 플랫폼으로 시작했어. 온라인에서 편리하게 물건을 사고팔며 거래할 수 있게 만든 거지.

그런데 이 과정에서 문제가 생겼어. 물건을 보내기 전에 돈을 받고 싶어 하는 판매자와 물건을 받기 전에는 돈을 주기 싫어하는 구매자 사이에 신뢰 문제가 생긴 거야. 마윈은 이 문제를 해결하기 위해 '알리페이'를 만들었어. 알리페이는 중간에서 돈을 맡아 두는 시스템이었어. 구매자가 돈을 알리페이에 보내면, 판매자가 물건을 보내고, 구매자가 물건을 받았다고 확인해야 돈이 판매자에게 넘어가는 방식이었지. 이게 바로 알리페이의 시작이었어.

처음에 알리페이는 단순히 온라인 거래를 위한 결제 서비스로 시작됐어. 사람들이 물건을 사고팔 때 중간에서 돈을 맡아주는 보증 역할을 했거든. 그런데 시간이 지나면서 알리페이는 단순히 결제만 하는 게 아니라 생활 속 모든 영역으로 확장됐어. 공과금 납부, 송금, 심지어 지하철 요금까지 이제는 알리페이 하나로 다 해결할 수 있게 된 거지. 중국은 이제 현금을 거의 쓰지 않는 나라가 됐다고 해도 과언이 아니야. 길거리 노점상이나 택시에서도 QR코드만 스캔하면 바로 결제가 끝나니까.

여기서도 재미있는 이야기 하나가 있어. 알리페이가 하도 보편화되다 보니, 중국에선 거지도 QR코드를 사용한다는 거야. 실제 길거리에서 돈을 구걸하는 사람이 QR코드를 들고 있는 모습이 화제가 되기도 했어. 현금을 들고 다니는 사람이 거의 없으니까, 거지도 시대에 맞춰 QR코드를 사용하는 거야. 참 웃기기도 하고 신기하기도 하지?

↪ 큐알코드 페이로 돈을 받는 중국의 거지

중국이 이렇게 빠르게 QR 결제 시스템으로 넘어갈 수 있었던 이유 중 하나로는 그 전에 신용카드 사용이 많지 않았다는 점도 들수 있어. 중국은 신용카드가 대중화되기 전 모바일 결제 시스템에 뛰어들었거든. 다른 나라는 신용카드 사용에서 모바일 결제로 넘어가는 데 시간이 걸렸지만, 중국은 아예 중간 단계를 건너뛰면서 QR코드를 기반으로 한 모바일 결제가 일상이 되었지. 이는 알리페이 같은 서비스가 만들어 낸 혁신이라고 할 수 있어.

디지털 결제가 일상이 된 중국 ───────────────○

알리페이는 단순히 결제만이 아니라 다양한 생활 서비스를 통합했다는 점에서 특별해. 병원 예약도 할 수 있고, 전기세나 수도세도 낼 수 있고, 투자나 저축까지 가능한 플랫폼으로 발전했어. 중국 사람들에게 알리페이는 이제 단순한 결제 도구가 아닌 일상생활의 필수품이 된 거야. 모든 게 스마트폰 하나로 가능하게 되면서 많은 사람이 알리페이를 생활의 중심으로 사용하고 있는 거지.

중국의 이러한 변화는 인터넷과 디지털 경제가 빠르게 성장했기에 가능했다고 볼 수 있어. 스마트폰 보급이 급격히 늘면서 알리페이 같은 디지털 결제 서비스는 필수가 됐지. 특히 알리페이가 안면 인식 결제나 생체 인증 같은 최첨단 기술을 도입하면서 더 편리하고 안전한 시스템으로 발전했고 이는 큰 성공 요인이 됐지. 알리페이는 이제 중국뿐만 아니라 전 세계적으로도 영향력을 키우고 있어. 관광객들도 해외에서 알리페이로 쇼핑이나 결제하는 게 익숙해졌고, 그렇게 글로벌 플랫폼으로 자리 잡았지. 심지어 카카오페이 같은 한국의 결제 시스템도 해외로 확장하기 위해 알리페이와 손

잡고 일해야 할 정도가 됐지.

알리페이는 단순히 결제 플랫폼이 아니라 중국의 디지털 혁신을 상징하는 사례로 볼 수 있어. 현금을 쓰지 않는 사회로 빠르게 이동한 중국의 변화를 가장 잘 보여주는 이야기지. 그리고 알리페이가 만들어 낸 이 변화는 디지털 화폐와 결제 시스템이 우리의 삶을 얼마나 혁신적으로 바꿀 수 있는지를 알려주는 예시이기도 해. QR코드로 구걸하는 거지 이야기에서 알 수 있듯이 돈의 개념도, 사용 방식도 정말 많이 달라지는 거지. 앞으로는 또 어떤 변화가 우리를 기다리고 있을까? 설레는 마음으로 기대하게 돼.

마윈
1954년~

중국 최초이자 최대의 온라인 전자상거래 플랫폼 기업 알리바바 그룹의 창업자이다.

암호화폐의
미래를 손에 쥔
미국 대통령

도널드 트럼프는 세계적으로 가장 잘 알려진 유명 인물 중 하나야. 부동산 사업으로 큰 성공을 거둔 사업가이자 TV 리얼리티 쇼 진행자로도 유명했지. 미국 만화 시리즈인 〈심슨〉에서도 대통령이 된다는 내용이 당선 이전부터 있어서 화제가 되었지. 결정적으로 미국 대통령에 당선되면서 그의 이름을 전 세계에 알렸지.

그는 2016년에 미국의 45대 대통령으로 당선되며 정치 경험이 없는 첫 번째 대통령이 됐어. 첫 임기 동안 독특한 스타일과 강한 발언으로 주목과 관심을 받고 많은 논란을 일으키기도 했지. 하지만 그는 경제와 일자리 창출 분야에서 나름의 성과를 보여주기도 했어. 2024년 대선에서 다시 당선되며 두 번째 임기를 맞이한 그는 이번엔 암호화폐에 대해 전폭적인 지지를 선언하며 전 세계 금융 시장에 새로운 기대감을 불러일으키고 있어.

"미국을 암호화폐의 글로벌 중심지로 만들겠다!" ──────○

사실 트럼프는 첫 번째 임기 때 암호화폐에 대해 매우 부정적이었어. 그는 비트코인 같은 디지털 자산을 '근거 없는 투기'라고 비난했고, 암호화폐가 미국 달러의 지위를 위협할 수 있다고 우려했지. 그는 암호화폐를 이용한 불법적인 거래와 사기 사건들을 지적하며 강력한 규제가 필요하다고 주장했어. 트럼프가 트위터에 "나는 비트코인이나 다른 암호화폐를 좋아하지 않는다."라고 말했던 건 암호화폐 커뮤니티에서도 크게 회자되었지. 그때만 해도 트럼프는 암호화폐가 미국 경제에 도움을 주기보다는 위협을 가할 가능성에 더 무게를 뒀어.

그런데 두 번째 대선 캠페인에 들어서면서 트럼프의 태도가 완전히 바뀌었어. 그는 비트코인 2024 컨퍼런스에 참석해서 "미국을 암호화폐의 글로벌 중심지로 만들겠다."라고 선언했어. 사람들은 그의 이런 변화를 보며 놀라워했지. 전에는 완전히 반대하다가 이제는 180도 변한 태도를 보였기 때문이야. 물론 그가 이렇게까지 암호화폐를 지지하게 된 배경에 단순히 경제적 이유만 있던 건 아니었어. 국제 정세와도 관련 있는데, 특히 중국이 암호화폐를 금지한 일이 트럼프의 태도 변화에 중요한 계기가 됐어.

중국은 암호화폐가 자국의 위안화를 약화시키고 자본 유출을 촉진한다고 판단했어. 이에 따라 강력한 규제와 금지 조치를 통해 암호화폐 시장에서 스스로를 배제했지. 트럼프는 이 점을 미국에 유리한 기회로 보고 암호화폐 산업을 적극적으로 끌어들이기로 했어. 그는 "암호화폐는 미국 경제를 재건하고, 중국을 견제할 수 있는 중요한 도구"라고 강조했어. 이번에는 암호화폐가 단순한 디지털 돈이 아니라 전략적인 경제 무기가 될 수 있다고 판단한 거야.

대선 과정에서 트럼프는 암호화폐를 통한 정치 기부금도 대대적으로 받아냈어. 그의 캠페인은 비트코인과 여러 디지털 자산으로 2천5백만 달러 이상을 모금했지. 이는 암호화폐 커뮤니티가 그에게 강한 지지를 보내고 있음을 보여주는 사례였어.

또한 트럼프는 암호화폐에 대한 정책적인 지원도 약속했어. 암호화폐와 관련된 불명확한 규제를 정비하고, 암호화폐 산업이 성장할 수 있는 환경을 조성하겠다고 말했지. 특히 "암호화폐를 사랑하는 사람들이 규칙을 만들게 하겠다."라고 하면서 암호화폐 커뮤니티의 기대감을 한껏 높였어.

트럼프의 암호화폐 정책, 미래는 어떻게 될까? ──────○

암호화폐 산업에 대한 트럼프의 지지는 미국 내에서는 큰 호응을 얻고 있어. 하지만 국제적으로는 호응만 하는 게 아니라 다양한 반응이 있어. 예를 들어, 유럽연합은 디지털 화폐에 대해 환경 문제와 규제 강화의 필요성을 강조하며 미국과는 다른 방향을 취하고 있어. 그러나 트럼프는 이를 의식하지 않는 듯 해. 비트코인 채굴 산업을 적극적으로 지원하겠다고 선언했지. 그는 "미국은 비트코인을 채굴하고 보유하며, 이를 통해 글로벌 경제를 주도할 것"이라고 강조했어. 하지만 이에 대해서도 채굴로 인한 에너지 소비 문제나 환경 영향에 대한 우려가 제기되고 있는 상황이야.

여기서 흥미로운 점 한 가지는 바로 트럼프와 일론 머스크의 연결고리야. 머스크는 암호화폐의 열렬한 지지자로 비트코인과 도지코인 등의 디지털 자산을 테슬라와 스페이스X 같은 그의 회사에서 적극적으로 활용하고 있어. 특히 트럼프와 머스크는 대선 과정에서 여러 번 협력하며 서로를 지지했어.

머스크는 트럼프의 유세 현장에 직접 참석해 그를 응원했을 뿐만 아니라 자신의 소셜 미디어 영향력을 통해 트럼프의 암호화폐 정책을 홍보했어. 머스크는 암호화폐가 단순히 기술이 아니라, 글로벌 경제를 혁신할 중요한 도구라고 믿고 있어. 이런 점에서 트럼프와 머스크는 암호화폐라는 공통의 목표를 공유하며 긴밀히 협력하고 있는 거지.

트럼프의 암호화폐 정책은 앞으로 미국 경제와 글로벌 금융 시장에 큰 변화를 가져올 가능성이 있어. 규제 완화를 통해 암호화폐 산업을 적극 지원하고, 이를 통해 미국의 경제적 지위를 강화하려는 의지를 보이고 있거든. 트럼프와 머스크, 그리고 암호화폐 커뮤니티의 협력은 향후 암호화폐 시장의 미래를 결정하는 데 중요한 역할을 할 거야. 물론 이런 변화가 긍정적인 효과만 가져올지, 아니면 예상치 못한 문제를 일으킬지는 아직 아무도 확신할 수 없어. 하지만 분명한 건 현재 암호화폐의 중심에 트럼프가 서 있다는 사실이야.

도널드 트럼프
1946년~

미국의 기업인이자 부동산 재벌 출신 2024년 미국 대통령에 재선되며 암호화폐에 대한 정책 지원을 약속했다.

일론 머스크
1971년~

미국 기업인으로, 테슬라, 스페이스X, 스타링크 등 다양한 기술 기업을 운영하며 세계에서 가장 부유한 기업인이 되었다.

4장

디지털 경제의 새로운 자산

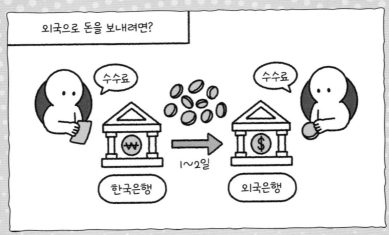

'디지털 금'에서 시작된
암호화폐의 발전

디지털 경제가 발전하면서 새로운 형태의 자산이 등장하고 있어. 이 장에서는 그중에서도 암호화폐에 대해 알아볼 거야. 암호화폐가 무엇인지, 어떻게 작동하는지, 그리고 기존 화폐와 어떤 점이 다른지 살펴보자.

먼저 암호화폐부터 자세히 알아볼까? 암호화폐는 암호화 기술을 사용하는 전자 화폐를 말해. 인터넷에서만 사용할 수 있는 디지털 돈이야. 일반적으로 우리가 사용하는 돈은 동전이나 지폐 같은 형태가 있잖아. 하지만 암호화폐는 만질 수 있는 화폐 형태가 아니라 디지털로만 존재해. 컴퓨터나 스마트폰 안에 저장되고, 인터넷을 통해 보내거나 받을 수 있지. 이 말은 반대로 인터넷이 없으면 암호화폐를 사용하기 어렵다는 뜻이기도 해.

물론 이러한 특징이 장점이기도 해. 암호화폐는 인터넷을 통해서 쉽게 거래할 수 있기에 이메일을 보내듯이 전 세계 누구에게도 쉽게 보낼 수 있어. 이게 가능한 이유는 블록체인이라는 특별한 기술 덕분인데, 이 기술은 암호화폐 거래를 안전하게 기록해 주지. 마치 모든 거래를 확인하고 기록하는 거대한 디지털 장부라고 생각하면 돼.

암호화폐의 대장 격인 '비트코인' ─────────○

그렇다면 암호화폐의 종류에는 어떤 것들이 있을까? 가장 유명하기도 하고, 오늘날 우리가 사용하는 모든 암호화폐의 대장 격인 암호화폐는 바로 비트코인이야. 아마 비트코인이라는 말은 한 번쯤 들어봤을 거야. '대일밴드'나 '스카치테이프'가 상표명이지만 해당 상품류를 통칭하는 말로 사용되기도 하는 것처럼 어떤 사람들은 비트코인을 아예 암호화폐를 가리키는 말로 사용하기도 해. 하지만 비트코인과 다른 암호화폐 사이에는 명확한 차이가 있어. 먼저 여기서는 비트코인에 대해 좀 더 자세히 알아보자.

비트코인은 2009년에 처음 등장했어. '사토시 나카모토'라는 이름의 어떤 천재적인 개발자가 만들었는데, 이 사람의 정체는 아직까지 알려지지 않았어. 이름도 가명으로, 개인 이름인지 아니면 팀명인지도 밝혀지지 않았지. 하지만 그의 업적 하나는 확실해. 비트코인을 만든 덕분에 전 세계 사람들이 돈에 대해 새로운 관점을 가지게 되었다는 거야.

비트코인은 단순히 디지털 돈을 넘어서 기존 금융 시스템에 대한 도전이라는 의미를 담고 있어. 전 세계 사람들이 믿고 사용할 수 있는 탈중앙화된 디지털 돈을 만들겠다는 아이디어에서 출발했지.

실제로 사토시 나카모토가 비트코인을 만들게 된 계기는 우리가 사용하는 돈, 즉 법정화폐에 대한 불만에서 비롯됐어. 사토시는 중앙은행이나 정부가 화폐를 너무 쉽게 발행하고 그로 인해 물가 상승과 화폐 가치 하락 등이 발생하는 데 큰 문제를 느꼈지. 예를 들어, 중앙은행은 돈이 부족할 경우 돈을 더 많이 찍어낼 수 있어. 하지만 그 결과 화폐 가치가 떨어지고, 우리 같은 일반인들은 물가 상승의 피해를 보게 되지. 사토시는 이런 문제를 해결하기 위해 새로운 형태의 돈, 즉 아무도 마음대로 발행량을 늘릴 수 없는 돈을 만들고 싶어 했어.

이런 이유로 비트코인은 아주 특별하게 설계되었지. 가장 중요한 특징은 총량이 2,100만 개로 제한되어 있다는 점이야. 다시 말해, 이 세상에 존재할 수 있는 비트코인의 수는 정해져 있어서 아무도 더 많이 만들 수 없어. 금을 생각해 봐. 금도 땅속에 묻혀 있는 양이 한정되어 있지? 그래서 금은 희소성이 있고, 사람들이 금을 귀하게 여겨. 비트코인도 이와 같은 개념으로 설계된 거야. 사토시는 이런 고정된 총량을 통해 사람들이 돈을 사용할 때 가치가 안정되길 바랐던 거지.

이런 특징 때문에 비트코인은 초기에 '디지털 금'이라는 별명을 얻었어. 실제로 금처럼 희소성이 있어서 많은 이들이 비트코인을 가치 저장 수단으로 사용하고 있어. 즉 돈을 은행에 넣어두는 대신 비트코인을 사서 보관하는 거지. 은행에 있는 돈은 물가가 오르면서 그 가치가 점점 떨어질 수 있지만, 비트코인은 총량이 제한되어 있기에 가치가 더 안정적으로 유지될 거라고 믿기 때문이지.

또한 비트코인은 거래 방식도 굉장히 독특해. 은행 같은 중개 기관이 필요 없고, 사람들끼리 직접 거래할 수 있어. 예를 들어, 누군가 해외에 돈을 보내고 싶다고 해보자. 기존 금융 시스템에서는 은행을 통해서 송금해야 하고, 수수료도 많이 들고, 시간이 오래 걸려. 하지만 비트코인은 인터넷만 있다면 누구나 몇 분 안에 전 세계 어디로든 돈을 보낼 수 있어. 수수료도 훨씬 저렴하고, 절차도 간단하지. 이 모든 게 가능한 이유는 블록체인 기술 덕분이야.

블록체인은 쉽게 말하면 모든 비트코인 거래를 기록하는 디지털 장부의 일종이야. 이 장부는 전 세계 컴퓨터에 분산되어 저장되기 때문에 누군가가 기록을 조작하거나 변조하는 게 거의 불가능해. 이런 기술 덕분에 비트코인은 안전하고 신뢰할 수 있는 시스템으로 자리 잡았지. 그래서 많은 사람이 비트코인을 단순히 돈이 아닌 기술 혁신의 상징으로 여기기도 해.

사토시 나카모토는 비트코인을 만들었을 뿐만 아니라 이를 사용하는 방식까지 세심하게 설계했어. 예를 들어, 비트코인을 얻으려면 '채굴'이라는 과정을 거쳐야 해. 채굴은 비트코인 네트워크를 유지하는 데 필요한 복잡한 수학 문제를 푸는 과정이야. 이런 과정을 통해 새로운 비트코인이 만들어지고, 이걸 채굴한 사람들이 보상으로 일정한 액수의 비트코인을 받게 되지. 그런데 이 채굴 보상도 시간이 지나면서 점점 줄어들게 설계되어 있어. 처음에는 10분마다 50비트코인이 보상으로 주어졌지만, 약 4년마다 보상이 절반으로 줄어들도록 설계되어 현재는 3.125비트코인이 보상으로 주어지고 있지. 이런 시스템을 통해 비트코인은 시간이 지날수록 더 희소해지고, 그 가치는 더욱 안정적으로 유지되는 거야.

비트코인이 등장한 이후, 전 세계 사람들은 돈에 대해 새롭게 생각하기 시작했어. 특히 비트코인은 기존 금융 시스템에 대한 대안으로 주목받고 있어. 전통적인 금융 시스템에서는 은행이 모든 거래를 중개하고 중앙은행이 돈의 가치를 결정하지만 비트코인은 중앙 기관 없이도 작동할 수 있는 완전히 새로운 시스템을 제시했거든. 바로 비트코인이 디지털 혁명이라고 불리는 이유 중 하나야.

요즘은 비트코인을 단순히 투자 대상으로 여기는 사람들도 많아. 처음에 비트코인은 몇백 원밖에 하지 않았지만, 지금은 수천만 원에 이를 정도로 가치가 올랐어. 그래서 비트코인을 일종의 디지털 자산으로 여기는 사람들이 많아졌어. 하지만 비트코인은 단순히 돈을 버는 도구가 아니야. 새로운 기술과 경제 시스템을 상징하는 존재로 더 큰 의미가 있지.

'스마트 계약' 기술로 혁신을 선보인 '이더리움'

암호화폐 중에는 이더리움도 있어. 이더리움은 비트코인처럼 단순히 자금을 보내는 기능만 하는 게 아니야. 훨씬 더 다양한 용도로 설계된 블록체인 플랫폼이지. 특히 '스마트 계약'이라는 기술을 통해 이더리움은 비트코인과는 다른 방향으로 발전했어.

스마트 계약은 특정 조건이 충족되었을 때 자동으로 실행되는 프로그램이라고 생각하면 돼. 예를 들어, "내일 날씨가 맑으면 돈을 송금해"와 같은 거래를 이더리움 블록체인 위에서 실행할 수 있어. 이런 기능은 사람이 개입할 필요 없이 안전하게 거래를 처리할 수 있다는 점에서 무척이나 혁신적이지.

스마트 계약은 마치 디지털 세상의 로봇과도 같아. 일단 조건을 입력해 두면, 누가 확인하거나 감독하지 않아도 정해진 규칙에 따라 작동하는 거야. 예를 들어, A라는 사람이 B에게 돈을 빌려줄 때, B가 돈을 갚으면 자동으로 이자를 계산해서 다시 A에게 지급되도록 설정할 수 있어. 기존 금융 시스템에서는 이런 과정이 은행이나 중개인을 통해서만 가능했는데, 스마트 계약은 이런 복잡한 과정을 단순화하고 중간 비용을 없애주지. 이 스마트 계약은 '디파이(DeFi)'라는 새로운 금융 시스템의 핵심 기술로 자리 잡았어. 디파이는 '탈중앙화된 금융(Decentralized Finance)'의 약자로, 여기서 말하는 '탈중앙화'란 은행이나 정부 같은 중앙 기관에서 관리하지 않아도 금융 서비스가 작동할 수 있음을 뜻해.

이더리움은 이 스마트 계약 덕분에 비트코인보다 더 다양한 용도로 사용되고 있어. 디파이(DeFi)는 이더리움 위에서 작동하는 대표적인 예로, 사람들은 디파이를 통해 은행 같은 중앙 기관 없이도 대출, 예금, 자산 관리 같은 전통적인 금융 서비스를 이용할 수 있지. 디파이 플랫폼에서 암호화폐를 예금하면 은행의 고정금리가 아닌 시장에서 정해지는 수요에 따른 대출 이자를 받기 때문에 일반 은행보다 훨씬 높은 이자를 받을 수도 있어. 그리고 이런 거래는 모두 스마트 계약으로 자동 실행되기 때문에 투명하고 안전하지.

이더리움은 이러한 가능성 덕분에 암호화폐뿐만 아니라 새로운 기술과 경제 시스템의 핵심으로 자리 잡았어. 그리고 지속하여 발전 중이지. 최근 이더리움은 이더리움 2.0이라는 이름으로 업그레이드를 진행했어. 이 업그레이드는 블록체인의 처리 속도를 높이고, 에너지 소비를 줄이는 데 초점을 맞췄어. 비트코인처럼 복잡한 수학 문제를 풀어야 채굴되는 일명 작업 증명(PoW) 방식에서 얼마만큼 코인을 가지고 있는지에 따라 채굴되는 지분 증명(PoS) 방식으로 전환하면서 더 친환경적이고 효율적인 방식으로 변화를 모색한 거야.

비트코인과 이더리움 외에도 다양한 암호화폐가 있어. 예를 들어, 리플(XRP)은 은행 간 빠르고 저렴한 국제 송금을 위해 만들어졌어. 솔라나(SOL)는 초고속 거래를 자랑해. 도지코인(DOGE)처럼 재미로 시작한 코인이 갑자기 가치가 오르는 일도 있어. 비트코인에서 시작된 암호화폐가 기술의 발전과 각기 다른 목적에 따라 점차 종류가 다양해지고 용도에 따라 이용자의 선택 폭도 점점 넓어지고 있지.

거래소가 없다면

주식처럼
쉽게 사고팔 수 있는
암호화폐

암호화폐라는 단어를 처음 들으면 뭔가 굉장히 어렵고 전문가들만 이해할 수 있는 분야처럼 느껴질 수도 있어. 하지만 실제로는 전혀 그렇지 않아. 이제 컴퓨터나 스마트폰만 있으면 누구나 몇 번의 클릭만으로 암호화폐를 거래할 수 있거든. 주식 거래처럼 쉬워졌지. 암호화폐는 단순히 디지털 기술에 그치지 않고 우리 일상에 스며든 새로운 투자 수단이 되고 있어.

암호화폐 거래소 이용하기

암호화폐를 거래하려면 우선 거래소를 이용해야 해. 거래소는 암호화폐를 사고팔 수 있는 일종의 디지털 시장인데, 우리가 주식을 거래할 때 증권거래소를 이용하는 것처럼 암호화폐도 거래소에서 매매가 이루어지지. 단 암호화폐 거래소는 인터넷상에만 있어. 국내에서는 업비트, 빗썸 같은 거래소가 대표적이지.

해외에는 바이낸스나 코인베이스 같은 대형 거래소가 있어서 이곳에서 다양한 종류의 암호화폐를 사고팔 수 있어. 우리가 흔히 아는 비트코인이나 이더리움 같은 메이저 암호화폐뿐만 아니라 잘알려지지 않은 소규모 암호화폐도 거래되고 있지.

거래하는 방법은 어렵지 않아. 예를 들어 국내 거래소 '업비트'를 사용한다고 가정해 보자. 먼저 업비트 앱을 다운로드하고 회원가입을 한 후 신분증 인증 같은 본인 확인 과정을 거쳐. 인증이 끝나면 계좌를 연동해서 돈을 입금하고, 원하는 암호화폐를 검색한 뒤 클릭 몇 번만 하면 바로 구매할 수 있지. '빗썸'도 비슷한 과정을 거

↱ 업비트의 PC 거래화면
　출처: 업비트

처. 특히 이 두 거래소는 국내법을 준수하며 운영되기 때문에 안전성도 높은 편이지. 다만 한국에서는 암호화폐 거래소를 이용하려면 반드시 성인 인증을 해야 하기에 아직 10대인 너희들은 직접 거래할 수 없어. 하려면 성인이 될 때까지 좀 더 기다려야 해.

암호화폐를 사고파는 방식은 일반 주식 거래와 비슷해. 주식처럼 매수와 매도를 선택하고 원하는 금액을 입력하면 되지. 예를 들어, 비트코인을 한 개 사고 싶다면, 현재 가격에 맞춰 매수 버튼을 누르면 그 즉시 거래가 성사돼.

다만 암호화폐 거래와 주식 거래의 큰 차이 중 하나는 암호화폐는 소수점으로도 거래가 된다는 거야. 주식은 보통 1주 단위로 사야 하는데 암호화폐 거래에서는 비트코인 0.0001개를 살 수도 있어. 또 주식 거래는 보통 주중에 업무 시간이 정해져 있는데, 암호화폐 거래는 365일 24시간 내내 가능해.

이런 암호화폐 거래소에도 종류가 있는데, 크게 중앙화 거래소와 탈중앙화 거래소 두 가지로 나뉘어. 중앙화 거래소는 업비트나 빗썸처럼 거래소 자체가 모든 거래를 관리하고 기록해 주는 곳으로, 사용자는 편리하고 안전하게 느낄 수 있지. 반면 탈중앙화 거래소는 중간에서 거래를 관리하는 기관 없어 사용자끼리 직접 암호화폐를 사고파는 방식으로 운영돼. 해외의 유니스왑이나 팬케이크스왑 같은 거래소가 여기에 해당하지. 탈중앙화 거래소는 사용자가 자신의 암호화폐 지갑을 직접 관리하고 연결해서 사용해야 하기에 초보자에겐 조금 어렵게 느껴질 수 있어.

거래소가 아니더라도 암호화폐를 구매하고 거래하는 방법은 점점 더 다양해지고 있어. 예를 들어, 페이팔 같은 온라인 전자 결제 서비스는 앱에 암호화폐를 구매할 수 있는 옵션을 제공하기도 하지.

암호화폐 자산을 안전하게 보관하는 '디지털 지갑' ──────○

암호화폐를 거래할 때는 자산을 안전하게 보관할 수 있는 '암호화폐 지갑'이 필요하기도 해. 우리가 현금을 보관할 때 지갑이 필요하듯이 암호화폐도 디지털 지갑에 저장해야 하거든.

지갑은 크게 두 가지 종류로, 인터넷에 연결된 상태에서 보관하는 핫월릿과 인터넷에 연결되지 않은 상태로 저장하는 콜드월릿이 있어. 핫월릿은 거래가 빠르고 편리하다는 장점이 있지만 해킹 위험이 있을 수 있지. 예를 들어 호주머니에 들어있는 지갑을 떠올리면 돼. 지갑을 주머니에 넣은 채 다니니 누군가가 지갑을 훔쳐 갈 리스크도 그만큼 증가하겠지.

반면 콜드월릿은 인터넷에 연결되지 않은 상태로 암호화폐를 보관하니 보안이 잘 되는 것이 장점이야. USB처럼 생긴 기기에 저장하거나 종이에 비밀번호를 적어 보관하기도 하지. 마치 집에다 금고를 두고 돈을 넣어 두는 것과 같다고 생각하면 돼. 보안성이 높지만 사용할 때 조금 번거로울 수는 있지.

요즘은 거래소 앱에서 지갑 서비스를 제공하기 때문에 초보자들은 따로 지갑을 준비할 필요가 없어. 하지만 암호화폐를 장기적으로 보유하려는 사람이라면 별도의 지갑을 사용하는 게 더 안전할 수 있지. 특히 큰 금액을 보유하고 있다면 콜드월릿을 추천해. 이건 마치 금고에 돈을 넣어두는 것처럼, 인터넷으로부터 완전히 격리된 상태로 안전하게 보관할 수 있기 때문이지.

암호화폐를 거래하는 사람이 점점 늘면서, 이제 암호화폐는 디지털 기술을 넘어 하나의 자산으로 자리 잡아 가고 있어. 주식처럼 가격이 오르내리는 특성 때문에 투자 대상으로도 주목받고 있지. 기업들도 암호화폐를 결제 수단으로 받아들이는 분위기야. 테슬라는 한때 비트코인으로 전기차를 구매할 수 있는 옵션을 제공하기도 했지. 스타벅스는 암호화폐로 커피를 결제할 수 있는 기능을 테스트 중이라고 해. 이처럼 단순히 투자 수단을 넘어 실제 생활에서도 암호화폐를 사용 가능한 사례가 점점 늘고 있어.

기술의 발전 덕분에 암호화폐 거래는 더욱 간편해졌어. 옛날에는 블록체인의 복잡한 기술 구조를 이해해야만 암호화폐를 다룰 수 있었다면, 이제는 스마트폰만 있으면 언제 어디서나 거래할 수 있지. 확실한 건 암호화폐가 우리 삶에 점점 더 가까워지고 있다는 거야. 암호화폐의 의미와 가능성을 제대로 배우고 이해한다면 아마도 미래에는 더 많은 기회가 주어질 거야.

비트코인을 넘어, 알트코인의 세계

알트코인이라는 말, 들어본 적 있어? 알트코인은 비트코인을 제외한 모든 암호화폐를 일컫는 말이야. '얼터니티브 코인(Alternative Coin, 대체 코인)'의 줄임말로, 비트코인의 대안이라는 뜻이지. 그런데 알트코인은 왜 생겨났을까? 왜 비트코인만으로 충분하지 않았을까? 여기서는 비트코인 이외에 많은 알트코인이 생겨난 이유에 관해 이야기해 보려 해.

먼저, 비트코인은 암호화폐의 시작이자 기본이 되는 존재야. 2009년 그야말로 디지털 세상에 새로운 혁명을 일으키며 등장했지. 기존에는 은행이나 정부 같은 중개 기관이 있어야만 돈거래가 가능했는데, 비트코인은 그런 중개자 없이도 사람들끼리 직접 돈을 주고받을 수 있는 새로운 시스템을 제시했어. 그래서 사람들은 비트코인을 두고 '디지털 금'이라고 부르기도 했지.

하지만 아무리 위대한 발명이라도 모든 걸 완벽하게 할 수는 없잖아? 비트코인도 몇 가지 단점이 있었고, 시간이 지나면서 이런 한계점이 점점 더 뚜렷해졌어.

비트코인의 한계를 넘어서는 알트코인의 도전 ──────○

비트코인의 가장 큰 단점은 거래 속도야. 비트코인은 평균적으로 하나의 거래를 처리하는 데 약 10분 정도가 걸려. 이 정도면 소규모 결제에서는 크게 불편하지 않을 수도 있지. 하지만 사용자가 많아질수록 거래가 밀리고 시간이 더 오래 걸리게 돼. 예를 들어, 네가 친구에게 돈을 보내려고 하는데, 그 돈이 친구 계좌로 들어가는 데 한참 걸린다고 생각해 봐. 답답하겠지? 바로 이런 점 때문에 실생활에서 사용하기엔 불편하다는 평가를 받았어.

또 다른 단점은 바로 거래 수수료야. 비트코인은 초기에는 거래 수수료가 거의 없었는데, 네트워크가 점점 커지고 사용자가 많아지면서 수수료가 올라가기 시작했어. 특히 거래량이 폭증하는 경우 수수료가 더 급등해서 소액 거래를 하기엔 부담이 되는 상황이 생기곤 했지. 예를 들어, 5,000원을 보내는데 수수료 2,000원을 내야 한다면 누가 보내려 하겠어. 사람들은 이런 수수료 문제를 해결할 새로운 암호화폐가 필요하다고 느꼈어.

또 하나의 중요한 문제는 환경적 영향이야. 비트코인은 '채굴'이라는 과정을 통해 새로운 코인을 만들어 내는데, 이 채굴에는 엄청난 양의 전기가 들어가. 비트코인을 채굴하는 컴퓨터는 복잡한 수학 문제를 풀면서 이 문제를 풀기 위해 어마어마한 연산 능력을 사용하거든. 쉽게 말해 전기를 엄청나게 소모하면서 비트코인을 생성하는 거야. 이 때문에 "비트코인 채굴이 지구 환경을 망친다."라는 비판이 나오기도 했어. 실제로, 비트코인 네트워크가 사용하는 전력량이 어떤 나라 한 해 소비 전력과 맞먹는다는 말까지 나올 정도였지.

이런 문제들 때문에 사람들은 고민하기 시작했어. "비트코인은 정말 놀라운 발명이고, 세상을 바꿔놓은 건 맞아. 하지만 이 단점들을 해결하지 않으면 실생활에서 사용되긴 어렵지 않을까?" 그래서 이런 문제를 개선하면서도 새로운 기능을 추가한 암호화폐들이 속속 등장하기 시작했어. 그게 바로 알트코인이야.

알트코인의 플랫폼이자 생태계, 이더리움 ─────────○

먼저 대표적인 알트코인인 이더리움을 살펴보자. 이더리움은 단순히 돈을 주고받는 기능만 있는 게 아니야. 이더리움의 가장 큰 특징은 바로 스마트 계약이라는 기술에 있지. 스마트 계약이란 특정 조건이 충족되면 자동으로 실행되는 프로그램 같은 거야. 우리가 계약서를 쓰면 서로가 합의하고 서명해야 효력이 발생하잖아? 그런데 스마트 계약은 사람이 직접 확인하고 실행하지 않아도, 컴퓨터가 조건을 확인해서 알아서 실행해 줘. 예를 들어, "비가 오면 보험금을 지급한다."라는 계약을 이더리움 블록체인에 설정했다고 해 보자. 여기서 이더리움은 날씨 데이터를 블록체인과 연결해서 비가 왔는지를 확인해. 그리고 조건이 충족됐다고 판단되면, 사람이 따로 지시하지 않아도 자동으로 보험금을 지급해 주지.

이 기술은 정말 혁신적이야. 왜냐하면 계약을 실행하는 데 중개자나 제3자 개입이 필요 없으니 시간과 비용이 절약되거든. 그리고 계약 내용을 조작하거나 속일 수 없기에 안전성도 뛰어나지. 이런 점 덕분에 이더리움은 금융 분야뿐만 아니라, 게임, 예술, 부동산 같은 다양한 분야에서도 활용되고 있어. 예를 들어, 디지털 아트를 사고팔 때도 이더리움의 스마트 계약을 활용해서 작가에게 정당한 대가를 자동으로 지급할 수 있어. 심지어 온라인 게임에서 아이템을 사고팔거나 게임 내 자산을 안전하게 거래하는 데도 이더리움이 사용되고 있지.

이더리움의 또 다른 강점은 그 위에서 새로운 암호화폐나 프로젝트를 만들 수 있다는 거야. 우리가 흔히 들어 알고 있는 여러 알트코인이 사실 이 이더리움 네트워크에서 만들어졌어. 이더리움은 그 자체로 하나의 플랫폼이자 생태계인 셈이야. 이런 특징 덕분에 이더리움은 단순한 암호화폐를 넘어 블록체인 기술을 다양한 산업에 연결시키는 중요한 다리 역할을 하고 있지.

비트코인의 대중화 버전, 라이트코인 ────────○

또 다른 알트코인으로 라이트코인(Litecoin)을 살펴보자. 라이트코인은 비트코인과 비슷하게 작동하지만, 거래 속도와 수수료 면에서 훨씬 개선된 암호화폐야. 라이트코인을 만든 사람은 찰리 리라는 개발자인데, 그는 라이트코인에 대해 "비트코인의 금에 대응하는 은 같은 존재"라고 설명했어. 이는 비트코인이 액수가 큰 금액의 거래나 저장 수단으로 적합하다면, 라이트코인은 일상생활에서 사용하는 적은 금액 거래에 더 적합하다는 뜻이야.

라이트코인은 거래 속도가 훨씬 빠른 게 특징이야. 비트코인에서는 하나의 거래를 처리하는 데 약 10분이 걸리는데, 라이트코인은 평균 2분 30초밖에 걸리지 않아. 이 차이가 실제로 결제나 소액 거래를 할 때는 큰 차이로 다가와. 그리고 수수료도 비트코인보다 훨씬 저렴해서, 적은 금액을 주고받을 때 부담이 덜하지. 예를 들어, 네가 친구한테 5,000원을 보내야 하는데, 비트코인으로 하면 수수료가 1,000원이 넘을 수도 있어. 그런데 라이트코인으로 하면 몇백 원밖에 안 될 정도로 저렴하거든.

라이트코인의 또 다른 장점은 채굴 방식이 조금 다르다는 거야. 비트코인은 고성능 컴퓨터가 없으면 채굴하기 어렵지만, 라이트코인은 비교적 적은 자원으로도 채굴할 수 있게 설계됐어. 그래서 초창기에는 일반 사용자들도 쉽게 참여할 수 있었지. 이런 특징 덕분에 라이트코인은 '비트코인의 대중화된 버전'이라는 별명을 얻었어.

농담과 유쾌한 문화의 결합, 도지코인 ──────────○

도지코인(Dogecoin)이라는 알트코인은 정말 독특한 역사가 있어.

원래는 농담으로 만들어진 코인이거든. 2013년 두 명의 개발자인 빌리 마커스와 잭슨 팔머가 "비트코인 말고 재미있는 코인을 만들어 보자."라고 이야기한 데서 시작했어. 그렇게 당시 인터넷에서 유행하던 시바견의 얼굴이 들어간 밈(Meme)을 활용해 도지코인을 만들었지. 마스코트는 귀여운 시바견이고, 코인의 슬로건으로는 '아주 많은 돈(Very Much Wow)'과 같은 유쾌한 표현을 썼어. 처음에는 사람들이 "이걸 누가 진지하게 사용할까?" 하며 웃어넘겼는데, 뜻밖에도 이 코인이 큰 인기를 끌었어.

도지코인의 큰 장점 중 하나는 빠른 거래 속도와 낮은 수수료야. 비트코인보다 훨씬 더 빨리 거래가 처리되기 때문에 소액 결제나 팁을 주고받는 데 아주 적합하지. 예를 들어, 온라인 커뮤니티에서 누군가 재미있는 글이나 사진을 올렸을 때, 도지코인으로 소소하게 팁을 보내는 문화가 생겼어. "여기 도지코인 몇 개 가져가!" 같은 방식으로 말이야. 이 덕분에 도지코인은 소셜 미디어와 커뮤니티를 중심으로 점점 유명해졌지.

도지코인의 인기를 더 치솟게 만든 건 바로 일론 머스크(Elon Musk)야. 테슬라와 스페이스X의 CEO로 유명한 일론 머스크는 암호화폐에도 큰 관심을 가졌어. 그런데 이 사람이 2021년부터 트위터에 도지코인에 대한 농담을 올리기 시작한 거야. "도지코인은 전 세계 화폐가 될 것이다."라는 트윗을 남긴 적도 있고, 심지어 도지코인을 응원하는 사진과 밈을 올리며 팬들에게 웃음을 주기도 했어. 흥미로운 건 머스크가 이런 글을 올릴 때마다 도지코인의 가격이 폭등하는 현상이 일어난 거야. 사람들은 이걸 '머스크 효과

(Musk Effect)'라고 불렀어.

가장 재미있는 사건은 머스크가 스페이스X 프로젝트에 도지코인을 실제로 사용하겠다고 발표한 일이야. 그는 '도지-1(Doge-1)'이라는 이름의 위성을 발사할 계획을 세우며, 이 프로젝트의 자금을 전부 도지코인으로 받을 거라고 했어. 이 발표는 암호화폐 시장에 큰 충격을 주었고, 도지코인의 가치를 크게 끌어올렸지. 사람들은 "농담처럼 시작한 코인이 실제 우주 프로젝트에 사용된다니, 믿기지 않는다!"라며 놀라워했어.

➝ 도지코인과 일론 머스크
(출처: 일론 머스크의 X 계정)

또 다른 일화로 머스크가 "도지코인은 서민들의 암호화폐"라고 칭한 일이 있어. 그는 비트코인이나 이더리움처럼 비싸고 투자자 위주인 코인에 비해 도지코인은 저렴하고 누구나 쉽게 접근할 수 있는 암호화폐라는 점을 강조했지. 덕분에 많은 사람이 도지코인을 단순한 투자 수단이 아니라 커뮤니티와 소통하고 소소한 금액을 주고받는 데 사용하는 실용적인 코인으로 받아들였어.

그렇다고 도지코인이 큰 인기를 끈 게 단순히 머스크 덕분인 것만은 아니야. 도지코인 커뮤니티가 보여준 독특한 문화도 여기에 한몫했어. 예를 들어 도지코인 커뮤니티는 종종 자선활동에 나서기도 했는데, 2014년에는 자메이카 봅슬레이팀이 올림픽에 참가할 수 있도록 도지코인을 모금해서 후원한 적이 있어. 또 나사(NASA) 프로젝트를 지원하거나 개발자들에게 기부금을 전달하는 등 유쾌하면서도 의미 있는 활동을 많이 했지. 이런 점들 때문에 도지코인은 단순한 코인이 아니라 사람들의 마음을 끌어당기는 독특한 '밈코인'으로 자리 잡았어.

도지코인은 농담처럼 시작되었지만 오늘날 암호화폐 시장에서 독보적인 위치를 차지하고 있어. 거래 속도가 빠르고 수수료가 낮다는 실용적인 장점뿐만 아니라 머스크 같은 유명 인물의 지지와 커뮤니티의 유쾌한 문화가 결합되면서 다른 암호화폐와 차원이 다른 매력을 내뿜고 있는 거지.

목표와 기능에 따라 다양한 알트코인의 세계 ─────○

앞에서 여러 알트코인을 살펴보았어. 이런 알트코인들도 크게 몇 가지 카테고리로 나누어 볼 수 있어. 첫 번째는 스테이블코인

(Stablecoin)이야. 스테이블코인은 이름처럼 가격이 안정되게 설계된 암호화폐야. 보통 달러 같은 법정화폐나 금 같은 실물 자산에 가치를 고정해서 가격 변동을 최소화하려는 암호화폐를 말해. 테더(USDT), USD코인(USDC) 같은 코인이 여기에 해당하지. 스테이블코인은 변동성이 큰 암호화폐 시장에서 안전한 거래 수단으로 인기가 많아.

두 번째는 채굴 기반 코인이야. 이건 비트코인처럼 채굴 과정을 통해 새로운 코인을 발행하는 시스템이야. 컴퓨터로 복잡한 수학 문제를 풀면 보상으로 코인을 받는 방식이지. 채굴 기반 코인은 작업 증명(Proof of Work, PoW) 방식을 사용해 트랜잭션(하나의 작업을 수행하기 위해 필요한 데이터베이스의 연산들을 모아놓은 것)을 검증하고 블록을 생성함으로써 네트워크 보안을 유지해. 라이트코인 같은 코인이 여기에 속해.

세 번째는 스테이킹(Staking) 기반 코인이야. 이건 채굴 대신 스테이킹이라는 방식을 사용하는데, 코인을 일정 기간 묶어두고 그 대가로 보상을 받는 시스템이야. 이 방식은 채굴보다 에너지 효율이 높아 요즘 많은 코인이 채택하고 있어. 이더리움 2.0이나 솔라나 등이 대표적인 예지.

네 번째는 거버넌스 토큰이야. 거버넌스 토큰은 네트워크의 운영에 참여할 수 있는 투표권을 제공해. 예를 들어, 어떤 기능을 추가하거나 변경할지 결정할 때, 거버넌스 토큰을 가진 사람들이 투표로 의견을 낼 수 있어. 이건 암호화폐가 중앙화된 기관 없이 운영될 수 있도록 돕는 중요한 요소지.

알트코인의 종류가 이렇게 다양한 이유는 각 코인이 해결하려는 문제가 각기 다르기 때문이야. 어떤 코인은 더 빠르고 저렴한 거래를 목표로 하고, 어떤 코인은 특정 산업에 특화된 기능을 제공하려고 해.

특화된 기능을 가진 알트코인으로 체인링크(LINK)가 있어. 체인링크는 스마트 계약과 현실 세계 데이터를 연결해 주는 오라클 서비스를 제공하는데, 오라클은 블록체인에서 정보를 가져오는 다리 같은 역할을 하는 기술이야. 블록체인 자체는 '폐쇄된 시스템'이어서 그 안에 있는 데이터만 사용하는데 때로는 외부 세계의 정보가 필요한 때가 있잖아. 예를 들어 "오늘 비가 오면 돈을 지급한다." 같은 스마트 계약을 만들려면 블록체인이 날씨 데이터를 알아야 하지. 문제는 블록체인 혼자서는 인터넷에서 정보를 가져올 수 없다는 거야. 이때 블록체인과 외부 세계를 연결해 주는 '정보 배달원' 같은 오라클이 등장해. 날씨 데이터, 주식 가격, 스포츠 경기 결과 같은 외부 정보를 가져와서 블록체인 안에 전달해 주는 거지. 이렇게 블록체인에 외부 데이터를 연결해 줌으로써 더 많은 일을 할 수 있게 만들어 줘.

미래 성장 가능성의 창구

이렇게 알트코인은 다양한 목표와 기술, 운영 방식으로 새롭게 등장하고 성장하고 있어. 그렇다면 사람들은 왜 이렇게 알트코인에 관심을 가질까? 이유는 간단해. 알트코인은 비트코인보다 더 높은 성장 가능성을 가지고 있기 때문이야. 물론 그만큼 위험도 크지. 하지만 새로운 기술과 아이디어를 기반으로 만들어진 알트코인은 미래의 가능성을 보여주는 창구 역할을 하고 있다고 해도 지나치지 않아.

그런 이유로 알트코인에 투자하거나 이를 사용할 때는 항상 조심해야 해. 수많은 알트코인 중에서 어떤 건 사라지기도 하고, 사기로 판명되기도 하거든. 그래서 알트코인을 선택할 때는 그 프로젝트의 목표, 팀, 기술 등을 꼼꼼히 살펴봐야 해.

마지막으로 중요하게 알아둬야 할 건, 알트코인은 단순한 투자 대상이 아니라 암호화폐 생태계를 풍요롭게 만드는 중요한 요소라는 점이야. 비트코인이 시작한 혁신을 알트코인들이 이어받아 더 다양하고 유용한 암호화폐 세상을 만들고 있는 거지. 앞으로도 이러한 알트코인이 우리 삶에 어떤 변화를 불러올지 무척 기대돼.

토큰으로 움직이는 네트워크, 블록체인의 새로운 이야기

블록체인을 이야기할 때면 유독 '생태계'라는 단어가 자주 등장하는 걸 볼 수 있어. 이는 마치 자연 속 생태계처럼 프로젝트와 사용자가 서로 연결되어 이루어진 디지털 환경을 뜻하는 표현이야. 실제로 블록체인 생태계는 단순히 기술의 집합이 아니야. 서로 다른 규칙과 목적을 가지고 움직이는 각각의 생태계 안에서 참여자들은 자신만의 역할과 기회를 찾을 수 있어.

예를 들어, 어떤 사람은 블록체인 기술을 이용해 새로운 프로그램을 만들고, 또 다른 사람은 그 프로그램을 사용해 수익을 내거나 문제를 해결하려고 하지. 이런 과정이 쌓이면서 하나의 생태계가 커지고, 점점 더 많은 사람이 여기에 참여하게 되는 거야. 이 생태계에서 중요한 역할을 하는 것이 있는데, 바로 토큰이야.

코인과 토큰은 종종 혼용되어 사용되기도 하는데, 기본적인 차이는 자신만의 블록체인이 있느냐 없느냐에 있지. 비트코인이나 이더리움 같은 코인은 자체 블록체인에서 운영되지만, 토큰은 기존 블록체인을 빌려서 만들어져. 대부분의 토큰은 이더리움 같은 블록체인 위에서 발행되고 특정 서비스나 프로젝트에서 사용되지. 하지만 사람들은 종종 코인과 토큰을 같은 의미로 사용하기도 해.

블록체인 생태계를 움직이게 하는 토큰 ─────────○

토큰은 블록체인 생태계 안에서 마치 연료처럼 모든 활동을 움직이게 하는 존재야. 이 연료는 단순히 돈을 거래하는 걸 넘어서, 네트워크를 유지하고, 사람들이 새로운 프로젝트를 시작하거나 참여하게 만드는 원동력이 되지. 흥미로운 건 이 생태계 안에서 모든 참여자가 서로 얽혀 있다는 점이야. 한 프로젝트가 성공하면 같은 블록체인 안에 있는 다른 프로젝트에도 긍정적인 영향을 미치지. 반대로 문제가 생기면 전체 생태계가 영향을 받을 수도 있어. 마치 숲속에서 한 나무가 병들면 주변 나무들까지 영향을 받는 것처럼 말이야.

토큰은 단순히 디지털 자산이 아니라 블록체인 생태계에서 다양한 역할을 수행하는 중요한 요소야. NFT(Non-Fungible Token 대체 불가능 토큰)는 디지털 소유권을 증명하는 역할을 하고, 게임 내 아이템이나 예술 작품, 심지어 부동산 증명서까지도 블록체인 위에서 거래할 수 있도록 해줘. 또 다른 토큰인 유틸리티 토큰은 특정 서비스에서 기능을 활성화하는 데 사용돼. 대표적으로 세계 최대 규모의 암호화폐 거래소인 바이낸스가 만든 BNB(바이낸스 코인)가 있는데, 이는 거래 플랫폼을 이용하는 거래자들에게 수수료를 할인해 주는 용도로 사용하거나 특정 프로젝트에서는 플랫폼 내 결제 수단으로 사용되는 토큰이야.

또한 거버넌스 토큰을 통해 사용자들은 프로젝트의 중요한 결정에 직접 참여할 수도 있어. 예를 들어, 암호화폐 대출 플랫폼 메이커다오(MakerDAO)의 자체 토큰인 MKR은 보유자들이 스테이블코인 중 하나인 다이코인(DAI)의 정책을 변경하는 투표에 참여할 수 있어. 이처럼 토큰은 단순한 거래 수단을 넘어, 생태계의 운영 방식까지 결정하는 중요한 도구로 자리 잡았지.

이런 방식으로 블록체인 생태계에서 다양한 토큰들이 서로 연결되고 이더리움 같은 플랫폼 위에서 함께 작동하면서 토큰은 전체 시스템을 더욱 다채롭게 만들고 있어. 이제 이런 토큰 기반의 생태계가 실제로 어떻게 작동하는지, 그리고 그것이 왜 중요한지 살펴보자.

다양성과 확장성을 기반으로 한 이더리움 생태계 ─────○

이더리움 생태계는 블록체인 생태계 중에서도 가장 활발하고 다채로운 곳 중 하나야. 이더리움은 단순히 거래만 할 수 있는 블록체인이 아니라 그 위에서 수많은 새로운 프로젝트와 서비스가 태어나는 플랫폼이지.

앞서 설명한 것처럼 이더리움에서는 디파이(DeFi)라는 탈중앙화 금융이 운영되고 있어. 디파이는 이름 그대로 금융 시스템을 은행 같은 중앙 기관 없이 운영할 수 있는 구조인 거지. 이게 얼마나 혁신적이냐면, 전통적으로 대출을 받으려면 은행에 가서 복잡한 서류 작업을 하고 대출 승인을 기다려야 하지만 디파이에서는 그런 과정 필요 없어. 이더리움을 담보로 걸어두면 스마트 계약이라는 자동 프로그램이 그 즉시 대출금을 보내주게 돼.

스마트 계약은 정말 똑똑한 시스템이야. 사람이 개입하지 않아도 모든 과정을 스스로 처리하거든. 예를 들어, "네가 일정 금액의 담보를 걸고, 이자를 정해진 기간 내에 갚으면 대출이 완료된다."라는 규칙이 있다면, 이 규칙을 스마트 계약이 자동으로 실행하는 거지. 만약 규칙이 지켜지지 않으면 담보를 회수하는 것도 자동으로 처리돼. 이런 시스템은 사람 간의 신뢰 문제를 줄이고, 시간과 비용도 절약하게 만들어. 실제로 많은 이들이 디파이를 이용해서 은행 없이도 효율적인 금융 서비스를 경험하고 있어.

이더리움 생태계에는 디파이뿐만 아니라 다른 흥미로운 프로젝트들이 잔뜩 있어. 특히 NFT(Non-fungible token)는 이더리움에서 시작된 가장 주목받는 기술 중 하나야.

NFT는 블록체인 기술을 이용해 디지털 자산에 고유한 소유권을 부여하는 기술인데, 이건 단순히 소유권을 넘어서서 디지털 세계에서 새로운 가치를 만들어 내는 것이기도 해. 예를 들어, 디지털 아트 작품, 음악, 게임 아이템 같은 것들이 NFT로 만들어지면 그 소유권이 블록체인에 기록되고, 덕분에 누구도 그 소유권을 부정하거나 바꿀 수 없게 되지.

또한 이더리움 생태계는 단순히 기술적 기능에 머무르지 않아. 여기에는 사람들이 협력해서 새로운 사회적 가치를 만들어 가는 움직임도 있어.

예를 들어, 이더리움 기반의 크라우드펀딩(Crowd Funding) 프로젝트를 통해 전 세계 사람들이 새로운 아이디어에 투자하거나 지원할 수 있어. 크라우드펀딩은 보통 아직 만들어지지 않은 제품이나 아이디어를 인터넷 플랫폼에 소개하고 개인들의 투자 자금을 모으는 방식을 말하지. 이런 과정에서 사람들은 더 이상 금융 기관에 의존하지 않고도 자신들만의 경제 시스템을 만들어갈 수 있어. 이더리움은 디지털 금융을 기반으로 크라우드펀딩을 확장하고 있지. 이더리움 생태계는 단순히 거래를 넘어, 사람과 기술, 그리고 아이디어가 연결되는 거대한 디지털 세상이라고 할 수 있어.

빠른 거래와 저렴한 수수료, 솔라나 기반의 다양한 게임 거래 —○

솔라나(solana)는 블록체인 기술의 주요 문제였던 느린 거래 속도와 높은 수수료를 혁신적으로 해결하며 주목받고 있는 플랫폼이야. 기존 블록체인들은 거래가 몰리면 처리 속도가 느려지고, 수수료가 올라가는 문제가 있었지. 하지만 솔라나는 독특한 '역사 증명(Proof of History)' 방식을 통해 이러한 문제를 크게 개선했어. 이 기술은 거래의 순서를 효율적으로 정리해 블록체인이 매우 빠르게 작동하도록 도와주는데, 그 결과 솔라나는 거래를 거의 실시간으로 처리하고 수수료도 몇 센트밖에 들지 않게 되었어.

이러한 특징 덕분에 솔라나는 특히 게임 산업에서 큰 관심을 받고 있어. 요즘 블록체인 게임이 인기를 끌면서, 플레이어들이 암호화폐나 디지털 아이템을 사고파는 일이 많아졌거든. 너와 친구가 게임 속에서 캐릭터나 아이템을 거래한다면, 이때 솔라나 블록체인이 이 거래를 빠르고 저렴하게 처리해 줄 수 있어. 덕분에 플레이어들은 거래 지연이나 높은 수수료에 대한 걱정 없이 게임을 즐길 수 있지.

솔라나 기반의 게임 프로젝트들은 이러한 장점을 활용해 더욱 풍부한 게임 경험을 제공하고 있어. 예를 들어, '스타 아틀라스(Star Atlas)' 같은 게임은 솔라나 블록체인을 이용해 우주 탐험을 하는 플레이어들에게 독특한 아이템을 사고팔거나 거래할 수 있는 경제 시스템을 제공해. 이를 통해 단순히 게임을 즐기는 것을 넘어 실제로 경제 활동을 하고 수익을 낼 수도 있어. 게다가 이러한 아이템들은 블록체인에 기록되어 있어 누구도 소유권을 뺏거나 속일 수 없다는 점이 플레이어들에게 큰 신뢰감을 주지.

또한 솔라나는 친환경적이라는 점에서도 주목받고 있어. 다른 블록체인, 특히 비트코인 같은 경우 많은 전력을 소비하는 '채굴' 과정이 필요하지만, 솔라나는 에너지를 훨씬 적게 사용하는 구조여서 환경 문제에 민감한 사람들도 솔라나를 긍정적으로 평가하고 있어. 이렇듯 솔라나는 빠르고 저렴한 블록체인일 뿐만 아니라 더 많은 사람이 블록체인의 세계에 쉽게 접근할 수 있도록 문을 열어

주는 역할을 하고 있어.

안정성과 신뢰를 바탕으로 한 비트코인 네트워크 ─────○

암호화폐의 대장인 비트코인은 여전히 암호화폐 세계에서 가장 중요한 위치를 차지하고 있어. 그동안 비트코인은 주로 '디지털 금'으로 불리며 가치 저장 수단으로 많이 사용됐지. 하지만 최근에는 비트코인 네트워크 위에서도 새로운 움직임이 활발해지고 있어.

예를 들어, '오디널스(Ordinals)'라는 프로토콜을 통해 비트코인 블록체인에 NFT를 만들 수 있게 됐어. 이 기술을 활용하면 비트코인의 가장 작은 단위인 사토시에 이미지나 텍스트 같은 데이터를 각인할 수 있어. 이렇게 만들어진 NFT는 비트코인 네트워크의 보안을 그대로 유지하면서도, 디지털 예술 작품이나 수집품으로

↱ 비트코인 기반 NFT를 거래할 수 있는 마켓 플레이서 매직에덴
   (출처: MAGIC EDEN)

활용될 수 있지.

또한 'BRC-20'이라는 새로운 토큰 표준이 등장하면서 비트코인 네트워크에서도 대체 가능한 토큰을 발행할 수 있게 됐어. 이로 인해 비트코인 위에서 다양한 밈코인들이 생성되고 거래되고 있지. 예를 들어, '오르디(ORDI)'라는 토큰은 BRC-20 표준을 활용해 발행되었고, 시가총액이 1조 원을 넘기도 했어.

하지만 이런 새로운 움직임은 비트코인 네트워크에 부담을 주기도 해. BRC-20 토큰의 인기로 인해 거래 수수료가 급증하고, 네트워크 혼잡이 발생하기도 했거든. 이로 인해 일부 거래소에서는 비트코인 출금을 일시적으로 중단하는 상황이 벌어지기도 했어.

이러한 변화는 비트코인 생태계가 단순한 가치 저장 수단을 넘어 다양한 기능을 수용하는 쪽으로 움직이고 있음을 보여줘. 물론 다양한 기능을 제공하는 블록체인인 이더리움이나 솔라나만큼은 아니지만 그와 다른 방식으로 비트코인도 점차 발전하고 있는 거지.

각 블록체인 생태계는 저마다의 철학과 목표가 있어. 비트코인은 안정성과 신뢰를, 이더리움은 다양성과 확장성을, 솔라나는 속도와 효율성을 추구하지. 이러한 다양한 접근 방식이 앞으로 우리의 삶에 어떤 변화를 불러올지 정말 궁금하지 않아? 블록체인과 토큰의 이야기가 점점 더 우리의 일상과 밀접하게 연결되면서 기대감이 높아지고 있어.

'모나리자' 0.001조각을 팝니다!

〈모나리자〉는 레오나르도 다 빈치가 그린 그림으로 유명해. 세계에서 가장 유명한 그림이자 그 가격도 천문학적인 수준이지. 만약 이런 예술 작품 〈모나리자〉를 0.001조각으로 나눠서 판다고 하면 어떨까? 그게 가능은 한 일일까? 상상도 할 수 없겠지. 그런데 사실 디지털 세상에서는 이런 일이 실제로 일어나고 있어. 바로 NFT라는 기술 덕분이지.

NFT는 앞에서도 이야기했듯이 'Non-Fungible Token'의 약자로, 우리말로는 '대체 불가능 토큰'이라는 뜻이야. 쉽게 말해 디지털 세계에서 어떤 아이템이 유일무이하다는 걸 증명해 주는 일종의 인증서 같은 기능을 하지. 이런 게 왜 중요하냐면, 보통 우리가 컴퓨터에서 사진을 저장하면 JPG와 같은 확장자명을 쓰잖아. 그런데 이 JPG로 된 사진을 다른 컴퓨터로 옮기거나 메신저로 다른 친구에게 보내면 사진이 복제되면서 내 컴퓨터에도 남고, 친구 메신저에도 남게 되지. 문제는 나중에 어떤 사진이 원본인지를 알 수 없다는 거야. 또 다른 예로, 우리가 게임에서 쓰는 아이템도 복사하면 똑같은 것이 생기게 되지. 만약 그림이나 게임 아이템을 NFT로 등록한다면 어떨까? 바로 "이건 세상에 하나뿐인 진짜야!"라고 인증하는 것이 돼.

이런 NFT 기술 덕분에 실제로 디지털 아트 작품이 엄청난 가치를 인정받기도 해. 지난 2021년 3월 비플(Beeple)이라는 이름으로 유명한 디지털 아티스트인 마이클 윙켈만의 작품은 무려 6,930만 달러, 우리 돈으로 약 800억 원에 팔렸어. 이렇게 디지털 작품이 높은 가격에 거래될 수 있었던 건 NFT가 그 작품의 유일성을 보장해 줬기 때문이야.

예술 작품의 소유 방식을 혁신적으로 바꾸는 조각 투자 ─────○

그렇다면 〈모나리자〉 같은 전통적인 명화는 어떨까? 사실 〈모나리자〉는 루브르 박물관에 전시되어 있어서 직접 소유할 수는 없어. 하지만 디지털 기술을 활용하면 〈모나리자〉의 디지털 버전을 만들어서 이를 NFT로 발행할 수 있어. 이렇게 하면 〈모나리자〉의 디지털 조각을 소유하는 것이 가능해지는 거지. 물론 실제 그림을 소유하는 건 아니지만, 디지털 세계에서 그 조각의 소유권을 가질 수 있다는 의미야.

이렇게 예술 작품을 조각내어 소유권을 나누는 방식을 '조각 투자'라고 해. 예를 들어, 한 작품의 가치를 1,000조각으로 나누고,

각 조각을 여러 사람에게 판매하는 거야. 이렇게 하면 고가의 예술 작품도 많은 사람이 함께 소유할 수 있게 되지. NFT를 활용하면 이러한 조각 투자가 더욱 투명하고 안전하게 이루어질 수 있어. 블록체인 기술 덕분에 각 조각의 소유권이 명확하게 기록되고, 누구나 그 정보를 확인할 수 있으니까.

물론 이런 조각 투자가 항상 성공적인 건 아니야. 어떤 디지털 작품의 NFT를 여러 조각으로 나누어 판매했는데 시간이 지나면서 그 가치가 크게 하락한 사례도 있어. 1년 만에 그 가치가 99%나 떨어진 일도 있었지. 이런 위험성을 항상 염두에 두어야 해.

또한 NFT를 활용한 조각 투자는 아직 법적, 윤리적으로 해결해야 할 문제가 많아. 예를 들어, 원작자의 동의 없이 작품을 디지털화하여 NFT로 발행하는 경우 저작권 침해 문제가 발생할 수 있어. 그리고 이렇게 발행된 NFT를 여러 조각으로 나누어 판매하면 소유권이 복잡해지고 분쟁의 소지가 생길 수 있지.

그럼에도 NFT를 활용한 조각 투자는 예술 작품의 소유 방식을 혁신적으로 바꾸고 있어. 이제는 고가의 예술 작품도 많은 사람이 함께 소유하고, 그 가치를 공유할 수 있게 된 거지. 물론 아직 해결해야 할 문제들이 많지만 앞으로 발전이 기대되는 분야야.

NFT를 활용한 조각 투자는 예술 작품뿐만 아니라 부동산, 스포츠 팀, 음악 등 다양한 분야로도 확장되고 있어. 한 건물의 소유권을 여러 조각으로 나누어 많은 사람이 함께 투자하고, 그 수익을 공유하는 방식을 예로 들 수 있지. 이렇게 되면 고가의 자산도 소액으로 투자할 수 있어 더 많은 사람이 다양한 투자 기회를 가질 수 있게 돼.

NFT를 활용한 프로필 사진과 캐릭터 프로젝트 ─────○

NFT의 활용은 예술 작품에만 국한되지 않아. 최근에는 'PFP(Profile Picture)' 형태로도 많이 사용되고 있어. PFP는 말 그대로 프로필 사진을 의미해. 소셜 미디어나 메신저에서 자신을 나타내는 이미지로 사용되는 거지. 그런데 이걸 NFT로 만든 거야. 대표적인 예로 '크립토펑크(CryptoPunks)'와 '지루한 원숭이 요트 클럽(Bored Ape Yacht Club, BAYC)'이 있어.

크립토펑크는 2017년에 '라바 랩스(Larva Labs)'에서 만든 10,000개의 고유한 캐릭터들로 구성된 NFT 컬렉션이야. 각 캐릭터는 픽셀 아트로 그려져 있고, 각각의 개성이 담겨 있지. 처음에는 무료로 배포되었지만, 시간이 지나면서 희소성과 독특함 때문에 가치가 급상승했어. 심지어 어떤 크립토펑크는 수백만 달러에 거래되기도 했지.

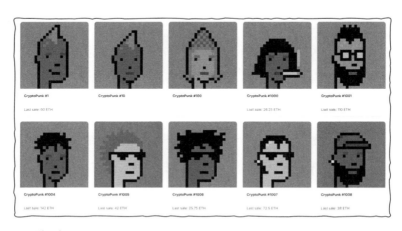

➥ 크립토펑크(CryptoPunks)
　(출처: https://opensea.io/collection/cryptopunks)

지루한 원숭이 요트 클럽(BAYC)은 2021년에 시작된 프로젝트로, 10,000개의 고유한 원숭이 캐릭터들로 이루어져 있어. 각 원숭이는 다양한 액세서리와 표정을 가지고 있어서, 자신만의 독특한 캐릭터를 선택할 수 있어.

→ 지루한 원숭이 요트 클럽(BAYC)
   (출처: https://opensea.io/collection/boredapeyachtclub)

BAYC는 단순한 프로필 사진(PFP)을 넘어 홀더들(코인을 보유한 사람들)에게 독점적인 이벤트나 커뮤니티에 참여할 수 있는 권한을 제공하면서 큰 인기를 끌었어. 이로 인해 많은 유명인들이 BAYC를 구매하기도 했는데, 가수 저스틴 비버와 배우 지미 팰런 등도 구매했다고 해. NBA 스타 스테판 커리는 자신의 트위터 프로필 사진을 BAYC로 바꾸며 화제를 모았고, 세계적인 래퍼 포스트 말론도 BAYC NFT를 구매한 걸로 알려졌어. 이렇게 유명인들의 참여는 BAYC의 가치를 높이는 데 큰 역할을 했지.

하지만 NFT 시장은 변동성이 커. 한때 BAYC의 가격이 천정부지로 치솟았지만, 이후 관심이 줄면서 가격도 하락했어. 이는 NFT 시장이 아직 초기 단계에 있으며, 수요와 공급에 따라 가치 변동이 심하다는 것을 보여줘.

→ 퍼지 펭귄(Pudgy Penguins)
(출처: https://pudgypenguins.com/)

마지막으로 '퍼지 펭귄(Pudgy Penguins)'이라는 프로젝트도 소개할게. 귀여운 펭귄 캐릭터들로 구성된 NFT로 초기에는 NFT 사업만 했지. 하지만 이후 IP(지식재산권) 사업으로 확장하면서 큰 인기를 얻었어. IP 사업은 캐릭터, 이야기, 노래 같은 독특한 아이디어나 창작물에 대해 재산권과 저작권을 가지고 이를 돈이 되는 상품으로 만드는 일이야. 예를 들어, 인기 있는 만화 캐릭터로 장난감이나 게임을 만들어서 파는 걸 생각하면 돼.

퍼지 펭귄은 인스타그램에 감성적이고 재미있는 일러스트를 올리면서 대중들의 사랑을 받았고, 결국 백화점에서 인형과 장난감으로 판매되기 시작했지. 이러한 노력 덕분에 퍼지 펭귄의 인지도가 높아졌고 NFT 가격도 크게 상승하게 되었어.

이처럼 NFT는 단순한 디지털 자산을 넘어, 다양한 방식으로 활용되고 있어. 특히 PFP 형태의 NFT는 자신을 표현하는 수단이자 커뮤니티에 참여하는 열쇠로 사용되면서 새로운 문화를 만들어 가고 있지. 물론 시장의 변동성과 저작권 문제 등 해결해야 할 과제도 많지만, 앞으로의 발전이 기대되는 분야야.

안정적인 가격으로
위험을 줄이는
스테이블코인

앞서 비트코인을 비롯해 이더리움, 도지코인 등 다양한 암호화폐에 관해 이야기했어. 각각 다채로운 모습으로 무척 흥미로운 특징이 있지. 그런데 이런 암호화폐에도 공통적인 문제가 있어. 바로 가격이 하루아침에도 엄청나게 오르내린다는 거야.

한국의 주식 시장에서는 하루에 개별 주식 가격이 오르고 내릴 수 있는 한계가 정해져 있지만, 암호화폐는 그렇지 않아. 예를 들어 2024년 4월 비트코인은 한때 6만 3천 달러까지 치솟았다가 그해 9월에는 4만 9천 달러까지 떨어졌어. 물론 11월에는 다시 9만 8천 달러까지 올랐지. 문제는 가격의 변동 폭이 마치 롤러코스터 같다는 점이야.

이런 심한 변동성 때문에 사람들이 암호화폐로 일상적인 거래를 하기는 사실 정말 어려워. 만약 오늘 비트코인으로 커피 한 잔을 샀는데, 내일 그 비트코인 가치가 엄청나게 오른다면 그 커피 값이 너무 비싸게 느껴지겠지. 상점 주인 입장에서는 비트코인을 받고 커피를 팔아서 아직 환전도 못 했는데 다음날 비트코인 가격이 크게 떨어지면 손해 볼 수밖에 없을 테고.

가격을 안정적으로 유지하는 스테이블코인 ─────────○

이런 변동성을 보완하기 위해 똑똑한 사람들이 '스테이블코인'이라는 걸 만들었어. 스테이블코인은 말 그대로 영어의 Stable(안정적인)과 Coin(코인)을 합친 단어야. 즉, 안정적인 코인이라는 뜻이지. 실제로 스테이블코인은 미국 달러나 금 같은 실제 자산에 가치를 고정해 놓은 화폐로 안정성을 담보하고 있지. 예를 들어 가장 많이 사용하는 테더(USDT)라는 스테이블코인은 항상 1달러 가치를 유지하도록 설계됐어.

이렇게 스테이블코인은 암호화폐의 장점은 살리면서 위험은 줄일 수 있는 방식으로 운영돼. 디지털 세계와 전통적인 금융 시스템을 연결해 주는 다리 같은 역할을 한다고 볼 수 있지. 아마 스테이블코인을 징검다리로 앞으로 더 많은 사람이 쉽게 암호화폐를 사용할 수 있게 될 거야.

법정화폐를 담보로 한 스테이블코인은 마치 은행에 돈을 저금하는 것처럼 작동해. 실제 달러나 유로화를 은행에 예치하고, 그만큼의 디지털 코인을 만들어 내는 거지. 쉽게 말해, 1달러당 1개의 코인을 발행하는 식으로 가치를 유지하는 거야. 대표적인 예로 방금

언급한 테더(USDT)와 USD코인(USDC)이 있어.

스테이블코인의 대표 주자, 테더와 USD코인 ─────────○

테더(USDT)는 암호화폐 세계에서 진짜 오래된 친구야. 2014년에 처음 나왔고, 처음엔 비트코인 네트워크에서 시작했지. 지금은 이 더리움, 트론 등 다양한 블록체인에서 활개를 치고 있어. 테더사는 USDT를 만들 때마다 꼭 같은 양의 달러를 은행에 보관해 가격 안정성을 유지한다고 약속했지. 그런데 여기서 재미있는 이야기가 시작돼. 테더사가 정말로 모든 코인에 해당하는 달러를 100% 보유하고 있는지에 대해 사람들의 의문이 생긴 거야. 마치 과자를 사겠다고 돈을 꺼내는 모습인데 주머니에 진짜 돈이 있는지 의심되는 상처럼 말이야.

2021년에는 큰 논란이 있었어. 테더사가 보유한 준비금의 상당 부분이 현금이 아니라 기업 채권 같은 다른 자산으로 채워져 있다는 게 밝혀진 거지. '기업 채권'이란 어떤 기업이 운영상 자금이 필요해 외부에서 돈을 빌려야 할 때 "돈 좀 빌려주세요, 이자를 드릴게요"라는 내용이 적힌 차용증을 발행하는데 이를 채권이라고 해. 물론 아이폰을 만드는 애플같이 신뢰도가 높은 회사가 발행하는 채권도 있지만 세상에는 정말 많은 기업이 있고 그중에 신뢰도가 높지 않은 기업이 발행한 채권도 있어.

문제는 테더사가 보유한 기업 채권이 어떤 회사 것인지도 명확하지 않은 채권이었다는 거야. 이 사실이 알려지면서 여러 금융 기관과 규제 기관들이 테더사를 조사하기 시작했어. 마치 선생님이 숙제를 꼼꼼히 검사하듯이 말이야.

이런 문제가 불거지면서 테더사도 최근에는 정기적으로 감사 보고서를 공개하고 있어. 그리고 곧바로 달러로 교환할 수 없는 기업 채권은 처분하고 가능하면 가장 신뢰가 높은 미국 채권으로 바꿔 놓고 있지. 미국 채권은 미국 정부가 발행하는 거야. 기업 채권과 비슷한데, 국가가 발행하는 이런 채권을 국채라고 불러. 미국의 국채는 미국 정부가 직접 발행하기 때문에 그만큼 신뢰도가 높지.

물론 여전히 일부 사람들은 테더에 대해 의심의 눈길을 거두지 않고 있어. 마치 수상한 과자 가게를 바라보듯이 테더사를 주시하고 있는 거지. 테더(USDT)는 여전히 암호화폐 시장에서 논란이 되면서도 동시에 수요가 증가하며 성장하고 있는 자산이야.

또 다른 대표 스테이블코인인 USD코인(USDC)은 2018년 미국의 금융 기업인 서클과 미국의 암호화폐 거래소 코인베이스가 공동으로 개발한 코인이야. USDC는 발행된 코인 수만큼의 달러를 미국 은행 계좌에 예치하고, 이를 정기적으로 회계 법인을 통해 감사받아 투명성을 유지하고 있어. 또한 미국의 금융 규제를 준수하며 운영되어 신뢰도가 높다는 평가를 받고 있지. 이러한 특징 덕분에 USDC는 신용카드로 유명한 비자(Visa)와 같은 글로벌 결제 네트워크에서도 사용되고 있어.

정리하자면 테더와 USDC는 모두 미국 달러와 1:1로 연동되는 스테이블코인이지만, 그 가치를 보존하기 위해서 마련하는 준비금

의 투명성과 규제 준수 측면에서 차이가 있다고 볼 수 있어. 테더
는 과거에 준비금 투명성 문제로 어려움을 겪었지만 최근에는 개
선 노력을 기울이고 있고, USDC는 처음부터 투명성과 규제 준수
를 강조하며 운영되고 있지. 스테이블코인을 선택할 때는 이러한
차이점을 고려하는 것도 중요해.

자체 스테이블코인을 출시한 페이팔의 도전 ─────○

혹시 페이팔이라고 들어본 적 있어? 페이팔은 전 세계적으로 널리
사용되는 온라인 결제 서비스야. 주로 미국이나 유럽 등에서 많이
사용되는데, 약 3억 5천만 명 이상의 활성 사용자를 보유하고 있
지. 온라인 쇼핑이나 송금할 때 빠르고 안전하게 거래할 수 있고,
이러한 편리함 덕분에 많은 사람이 페이팔을 애용하고 있지.

　최근 페이팔이 암호화폐 시장에도 진출하며 눈길을 끌고 있어.
2020년부터 미국 사용자들을 대상으로 비트코인, 이더리움 등의
암호화폐를 구매, 보유, 판매할 수 있는 서비스를 시작한 거지. 이
를 통해 사용자들은 페이팔 계정 내에서 손쉽게 암호화폐를 다룰
수 있게 되었어. 여기서 한 걸음 더 나아가, 페이팔은 2023년 자체
스테이블코인인 '페이팔 USD(PYUSD)'를 출시했어. PYUSD를 통해
사용자들은 페이팔 플랫폼 내에서 더욱 안정적으로 암호화폐를 활
용할 수 있게 됐지.

　온라인 결제 서비스인 페이팔을 통한 암호화폐 사용은 대중들에

게 더 큰 영향을 줄 수 있어. 우선 암호화폐를 더 쉽게 접하고 사용할 수 있게 되지. 더구나 페이팔을 통해 암호화폐를 사고팔 수 있으니 복잡한 거래소를 이용하지 않아도 되겠지. 또한 페이팔 플랫폼을 통해서 PYUSD를 활용하면 온라인 쇼핑이나 송금 시에도 암호화폐를 안정적으로 사용할 수 있게 돼.

페이팔은 주로 미국이나 유럽 등에서 많이 사용되어 페이팔이 직접 스테이블코인을 발행한 것이 어떤 느낌인지 잘 모를 수 있어. 한국의 상황을 바탕으로 예를 들어볼게. 한국인들은 메신저 카카오톡을 많이 사용하지. 카카오톡에 연동된 카카오페이를 이용해 결제 서비스를 이용하는 이들도 많아. 그런데 만약에 카카오페이가 스테이블코인인 '카카오 원화'를 발행했다고 가정해 보자. 물론 지금도 카카오페이에 원화를 입금하고 결제할 때 돈처럼 사용할 수 있지. 그런데 만약에 해외 결제를 해야 하는 상황이라면 어떻게 될까?

해외에 나가거나 해외 결제를 하려면 제품을 판매하는 곳에서 카카오페이를 지원해야 해. 그런데 회사마다 결제할 수 있는 네트워크, 즉 돈을 낼 수 있는 회선이 다르지. 이때 해외에서도 결제할 수 있는 네트워크에 연결이 되어야만 카카오페이에 있는 원화를 해외에서도 사용할 수 있어. 만약에 카카오가 '카카오 원화'를 스테이블코인으로 발행한다면 어떨까. 블록체인 네트워크라는 공용화된 통로를 통해서 결제가 바로 가능해지는 거야.

이런 예를 보면 결국 암호화폐 시장에 진출하고 자체 스테이블코인을 출시한 페이팔의 움직임은 차원이 달라보일 수밖에 없어. 페이팔은 암호화폐의 대중화를 촉진하고 일상생활에서 암호화폐를 더욱 편리하게 사용할 수 있는 환경을 조성하는 데 큰 역할을 할 것으로 기대되고 있어.

수익까지 챙기는 스테이블코인 ───────○

대부분 스테이블코인은 단순히 돈을 보관하는 용도로만 사용돼. 내가 100달러를 넣어도 1년 뒤에 그대로 100달러만 돌려받는 거야. USDT(테더), USDC, DAI 같은 유명한 스테이블코인도 다 이런 방식이지. 일종의 디지털 형태의 은행 계좌라고 보면 돼. 돈을 안전하게 보관해 주는 대신 내가 추가로 얻는 건 없어.

이에 반해 온도파이낸스라는 곳에서 만든 스테이블코인은 좀 달라. 이 스테이블코인은 내가 돈을 예치하면 이자를 주는 특징이 있어. 내가 100달러를 온도 파이낸스에 넣으면 1년 뒤에 105달러로 돌려받을 수 있는 거야. 5%의 이자를 준다는 거지. 일반 은행에서도 이자를 받을 수 있지만, 요즘 은행 금리가 낮아서 100달러를 넣어도 1년에 1달러도 못 벌 때가 많잖아? 온도 파이낸스의 5% 이자는 높은 수익률을 제공하면서 동시에 암호화폐 생태계를 이용할 수 있게 하는 셈이지.

온도파이낸스가 이자를 줄 수 있는 이유는 사용자가 맡긴 돈을 미국의 국채에 투자해 여기서 나오는 이자를 다시 스테이블코인으로 전환해 수익을 나눠주기 때문이야. 물론 시중 은행도 우리가 맡긴 돈으로 대출해 주고 이자를 받아 수익을 내는 방식으로 운영되는데, 여기서 차이점은 온도파이낸스의 경우 모든 과정이 투명하게 공개된다는 거야. 온도파이낸스는 단순히 돈을 안전하게 보관하는 스테이블코인을 넘어 돈을 불릴 수 있는 스테이블코인으로 주목받고 있어. 디지털 돈으로 안전성과 수익을 동시에 챙기는 셈이지.

미국이 스테이블 코인에 대한 태도를 바꾼 이유 ————◦

이렇게 다양한 스테이블코인들을 들여다보았어. 사실 스테이블코인은 사기업에서 만드는 것이고, 그동안 미국은 규제를 통해 스테이블코인이 확장되는 것을 제한하고자 했어. 그런데 이번에 트럼프가 다시 대통령이 되면서 상황이 좀 바뀌었어. 과거의 부정적인 입장을 바꾸어 이번에는 비트코인도, 스테이블코인도 좋다고 한 거야. 트럼프가 스테이블코인에 대해 갑자기 긍정적으로 이야기한 이유는 아마도 스테이블코인의 원리가 미국 경제에 도움이 된다고 판단했기 때문일 거야.

스테이블코인은 사람들이 디지털 돈을 안정적으로 사용할 수 있게 가치를 유지하려고 미국 국채 같은 안전한 자산에 투자해. 미국 국채를 산다는 건, 쉽게 말하면 미국 정부에 돈을 빌려주는 거잖아. 이 돈은 정부가 경제를 운영하거나 다른 일을 하는 데 쓸 수 있지. 트럼프 입장에서는 스테이블코인이 많아질수록 미국 국채를 사는 돈도 늘어날 테니 정부가 돈을 더 쉽게 빌릴 수 있겠다는 판단이 깔린 거지. 결국 스테이블코인이 단순한 디지털 돈이 아니라 미국 경제에 기여하는 중요한 역할을 한다고 본 셈이야.

스테이블코인이 바꿀 미래 ─────────────────○

그럼, 이제 스테이블코인의 미래와 앞으로의 가능성에 대해 좀 더 쉽게 이야기해 볼게!

앞으로 스테이블코인이 우리 일상생활에 어떤 영향을 미칠 수 있을까? 사실 이건 정말 흥미로운 주제야. 지금 우리는 디지털 세상으로 빠르게 변화하고 있거든. 스마트폰으로 모든 걸 해결하는 시대에 스테이블코인은 마치 디지털 세계의 새로운 화폐 같은 존재지.

먼저 다른 나라에 돈을 보내야 한다고 생각해 봐. 지금까진 해외로 돈을 보낼 때 꼭 은행을 거쳐야 했어. 수수료도 높고 시간도 오래 걸렸지. 하지만 스테이블코인을 사용하면 거의 즉시, 매우 저렴한 수수료만 내고 전 세계 어디든 돈을 보낼 수 있어. 특히 은행 계좌가 없는 개발도상국 사람들에게는 큰 기회가 될 수 있을 거야.

또한 디파이(DeFi) 생태계를 봐. 이건 마치 인터넷이 금융 서비스를 완전히 바꾸는 것과 같아. 누구나 복잡한 은행 절차 없이 대출받고, 저축하고, 투자할 수 있거든. 마치 누구나 참여할 수 있는 공평한 금융 놀이터 같은 곳이지. 이 생태계의 핵심 주자로 뛰고 있는 주인공이 바로 스테이블코인이야.

물론 아직 해결해야 할 문제들도 많아. 규제 문제, 보안 문제, 기술적 한계 등이 있지. 하지만 다른 무엇보다 특히 기술은 우리가 상상하는 것보다 더 빠르게 발전하고 있어. 지금 우리가 보고 있는 스테이블코인은 아마도 미래 금융 기술의 초기 버전일 거야. 마치 초기 인터넷 시대에 지금의 스마트폰 앱을 상상하지 못했던 것처럼 우리가 지금 보고 있는 스테이블코인이 앞으로 어떻게 발전할지 아무도 정확하게 예측할 수 없는 거지. 지금의 스테이블코인이 미래에는 완전히 다른 모습으로 우리 삶에 녹아들 수도 있어.

보안과 투명성도 계속 개선될 거야. 블록체인 기술 발전에 힘입어 더 안전하고 신뢰할 수 있는 스테이블코인이 만들어질 거라 기대하고 있어. 과거에는 준비금 문제나 기술적 취약점이 있었지만, 이제 점점 더 정교해지고 있으니 가능한 일이지.

더구나 젊은 세대는 기존 금융 시스템에 대해 무척 회의적인 시각을 보이고 있어. 2008년 금융위기를 겪으면서 전통적인 금융 시스템에 대한 불신이 커진 상황에서 스테이블코인 같은 새로운 금융 기술은 더 큰 매력으로 다가올 수 있어.

각국 정부와 중앙은행이 이 기술에 주목하고 있는 것도 흥미로워. 이미 많은 나라에서 중앙은행 디지털 화폐(CBDC)를 연구하고 있고, CBDC는 국가가 보증하는 디지털 화폐로 안정성 면에서 스테이블코인과 비슷하기도 하지. 한국도 디지털 원화 발행을 검토하고 있어.

물론 모든 기술에는 장단점이 있고, 스테이블코인도 완벽하지 않아. 규제 리스크, 기술적 복잡성, 시장 변동성 등 아직 넘어야 할 산이 많지. 그래서 개인적으로 투자하거나 사용할 때는 항상 조심스럽게 접근해야 해.

마지막으로 한 가지 조언하자면, 새로운 기술에 대해 항상 열린 마음을 가져야 해. 호기심을 갖고 공부하고, 그 잠재력을 이해하려 노력하는 게 중요해. 스테이블코인도 마찬가지야. 단순히 투자 대상이 아니라, 우리의 금융 시스템을 바꿀 수 있는 혁신적인 기술로 바라봐야 해.

기술의 세계는 언제나 우리의 상상을 뛰어넘는 놀라운 일들로 가득해! 앞으로 스테이블코인이 어떻게 발전할지 함께 기대해 보자.

5장

세계는 지금
화폐 전쟁 중

디지털 화폐 발행에 나선 세계 중앙은행들

요즘 뉴스를 보면 '화폐 전쟁'이라는 말이 종종 등장해. 갑자기 돈으로 전쟁을 한다니 무슨 말일까? 이는 실제 총을 들고 싸우는 전쟁은 아니야. 각 나라에서 자기 나라 돈을 더 유리하게 만들려고 경쟁하는 상황을 말하지. 이 경쟁에선 기존에 우리가 사용하는 종이돈뿐만 아니라 새로운 기술로 만든 디지털 화폐도 중요한 역할을 하고 있어.

먼저 돈을 한번 살펴볼까? 우리가 흔히 쓰는 돈은 은행이나 정부에서 관리해. 이에 반해 암호화폐는 은행 없이도 전 세계 사람들이 거래할 수 있는 새로운 형태의 돈이지. 우리가 앞에서 배운 비트코인이나 이더리움 같은 것이 여기에 해당해. 이런 암호화폐는 인터넷으로만 존재하고, 특정 회사나 국가가 통제하는 것이 아니어서 자유롭고 투명하게 거래할 수 있지.

그런데 최근 이 암호화폐의 영향력이 커지면서 여러 나라의 중

→ 디지털 위안화를 쓰는 모습
(출처: 위키피디아)

앙은행이 관심을 갖기 시작했어. 사람들이 암호화폐를 많이 사용하고 디지털 화폐의 시장 지배력이 커지다 보면, 기존 나라 돈(법정화폐)의 사용량이 줄어들 수 있거든. 자칫 정부가 경제를 조절하기 어려워지거나 경제가 불안정해질 가능성이 커지는 상황에 대비가 필요한 거야. 그래서 요즘 많은 나라가 CBDC를 연구하고 있어. 이는 Central Bank Digital Currency의 약자로, 중앙은행에서 발행하는 디지털 화폐를 말해. 암호화폐와 비슷하나 정부가 관리하고 통제하는 시스템이라는 점에서 차이가 있지.

그렇다면 이제 각 나라 중앙은행이 어떤 식으로 암호화폐를 연구하고 있는지 하나씩 이야기해 볼게.

이미 실생활에 사용하고 있는 중국의 '디지털 위안화' ────○

중국이 만든 디지털 위안화는 지금 세계에서 가장 많이 테스트되고, 실제로 쓰이는 디지털 화폐야. 중국은 이 디지털 위안화를 적극적으로 밀고 있는데, 이미 몇몇 도시에서는 사람들이 물건을 사고 서비스를 결제하기도 해. 그냥 실험만 하고 끝나는 게 아니라 진짜 일상생활 속에서 쓰이는 거지.

심지어 중국은 동계 올림픽을 개최했을 때도 이 디지털 위안화를 테스트했어. 올림픽에 참가한 선수, 스태프, 관람객이 디지털 위안화를 사용해 보도록 만들었지. 이렇게 큰 국제 행사를 활용해 테스트한 나라는 중국이 거의 유일해.

중국이 왜 이렇게 열심히 디지털 위안화를 밀고 있는지 궁금하지? 사실 중국은 국제 무역에서 자국 화폐인 위안화가 더 많이 쓰이게 하고 싶어 해. 지금 국제 경제에서는 미국 달러가 거의 독보적인 위치를 차지하고 있거든. 나라 간에 거래하거나 석유를 사고팔 때도 대부분 달러를 사용하지. 중국은 이런 달러 중심의 경제 구조에서 벗어나고 싶어 해. "우리 위안화도 좀 써라. 우리도 중요한 경제국이다."라는 메시지를 보내는 거지.

또 한 가지, 디지털 위안화는 국제 거래를 더 빠르고 효율적으로 만들 수 있어. 기존에 은행 절차를 거쳐야 했던 과정이 간단해지고, 수수료도 줄어들거든. 중국은 특히 주변 나라나 자주 거래하는 나라에 디지털 위안화를 사용하는 게 더 편리하다는 걸 보여주며 경제적으로 더 큰 영향력을 가지려 하고 있어.

결론적으로 중국은 디지털 위안화를 통해 자국 화폐의 힘을 키우고 세계 경제에서 더 큰 목소리를 내고 싶어 해. 지금은 시작 단계지만 다른 나라들보다 훨씬 빠르게 움직이고 있기에 디지털 화폐 전략이 앞으로 어떻게 펼쳐질지 무척 궁금해지는 나라지.

국제 활용 가능성이 높은 유럽연합의 '디지털 유로'

다음은 유럽으로 가보자. 유럽연합도 '디지털 유로'를 연구하고 있어. 특히 유럽에서 디지털 화폐 전환은 중요한 의미가 있어. 유럽은 정말 많은 나라가 한 가지 화폐, 바로 유로를 쓰고 있잖아. 프랑스, 독일, 이탈리아 같은 주요 국가뿐만 아니라 작은 나라까지도 유로를 사용하고 있지. 그러니 만약 디지털 유로가 실제 나오게 된다면 유럽 전체 경제에 엄청난 영향을 미칠 수밖에 없는 거야.

유럽중앙은행(ECB)은 디지털 유로 프로젝트를 꽤 신중하게 진행 중이야. 디지털 유로가 현금을 완전히 대체하지는 않을 거라면서도 사람들이 돈을 더 편리하고 효율적으로 사용할 수 있도록 도와줄 새로운 방법이 될 거라고 이야기하고 있지.

그렇다면 왜 굳이 디지털 유로를 연구하는 걸까? 사실 유럽도 현금 사용이 점점 줄어들고 있어. 요즘은 카드나 스마트폰으로 결제하는 사람이 훨씬 많지? 그런데 카드나 앱 결제는 보통 은행이나 특정 회사의 시스템을 거쳐야 해. 이 과정에서 수수료도 붙고, 시간이 걸릴 때도 많아. 만약 디지털 유로가 도입되면 이런 문제를 해결할 수 있다고 보는 거야. 유럽 사람들이 빠르고 간단하게 돈을 주고받을 수 있는 새로운 시스템을 만들겠다는 거지.

또 유럽은 디지털 유로를 통해 경제적으로 안정성을 더 높이고 싶어 해. 지금 국제 경제에서 달러가 강세를 보이는 건 미국이 글로벌 금융 시스템에서 중요한 역할을 하고 있기 때문이야. 하지만 유럽은 "우리 유로도 강하다."라는 걸 보여주고 싶어 해. 특히 디지털 유로를 통해 유럽만의 독자적인 금융 네트워크를 강화할 수 있다고 생각하지.

이뿐만 아니라 디지털 유로는 유럽의 기술 경쟁력도 키울 수 있어. 중국, 미국 같은 나라들이 앞다투어 디지털 화폐를 연구하고 있는 상황에서 유럽연합도 뒤처지지 않기 위해 디지털 유로 프로젝트를 진지하게 진행하고 있는 거야. 유럽중앙은행은 이미 몇 년 전부터 연구를 시작했고, 최근에는 디지털 유로의 기술적인 부분과 실제 사용 가능성을 테스트하기 시작했대.

흥미로운 점은 디지털 유로는 단순히 유럽 내에서만 쓰이는 게 아니라 국제적으로도 활용될 가능성이 크다는 거야. 예를 들어, 유로를 사용하는 기업이 국제 거래에서 디지털 유로를 쓴다면 기존보다 훨씬 더 빠르고 간단하게 거래를 처리할 수 있겠지. 유럽은 세계에서 매우 큰 경제권 중 하나고, 유로화는 국제 무역에서 널리 사용되는 주요 통화야. 특히 유럽 기업들은 다양한 국가와 교역하며 복잡한 결제 시스템을 거쳐야 하는데, 디지털 유로를 활용하면 이를 효율적으로 단순화할 수 있게 되지. 이런 점에서 디지털 유로는 국제 거래에서 큰 장점을 가질 가능성이 커. 이건 유럽의 경제적인 입지를 더 강화시킬 수 있는 중요한 요소가 되지.

유럽연합은 디지털 유로를 통해 새로운 결제 수단을 만드는 것만이 아니라 유럽 전체 경제를 더 효율적으로 만들고, 국제적으로 유로의 역할을 키우려는 목표를 가지고 있어. 이 프로젝트가 성공하면, 유럽 사람들의 일상뿐만 아니라 글로벌 경제에도 큰 변화가 있을 거야.

CBDC보단 스테이블코인에 중점을 둔 미국 ───────o

미국은 다른 나라들에 비해 CBDC, 그러니까 중앙은행 디지털 화폐에 대해 조금 더 느긋하게 대응하고 있어. 미국 달러가 이미 세계에서 가장 많이 쓰이고 있고, 나라 간에 무역을 하거나 국제 거래를 할 때도 대부분 달러를 사용하니까 "우리는 이미 세계 경제를 주도하고 있으니 굳이 서두를 필요가 없다."라는 게 미국의 기본 입장이야.

그렇다고 미국이 디지털 화폐에 아예 관심이 없는 건 아니야. 미국의 중앙은행인 연방준비제도, Fed(Federal Reserve System)도 디지털 달러의 가능성을 탐구하고 있어. "앞으로 국제 경제가 디지털 화폐 중심으로 변할 수도 있으니, 우리도 대비는 해야 한다."라는 거지. 특히 중국 같은 나라가 국가 차원에서 디지털 화폐를 적극 밀고 있으니 미국도 언제까지나 가만히 있을 수는 없을 거야.

여기서 흥미로운 점은 2025년 트럼프가 다시 백악관에 복귀하면서 미국의 CBDC 계획이 더 느려질 수도 있다는 거야. 트럼프는 원래부터 정부가 발행하는 디지털 화폐를 별로 좋아하지 않았어. 오히려 민간 기업이 발행하는 스테이블코인, 그러니까 정부가 아닌 기업이 만드는 디지털 화폐를 더 선호했지.

트럼프는 "정부가 발행하는 디지털 화폐는 개인의 자유를 침해할 수 있다."라고 생각했어. 쉽게 말해 사람들이 돈을 어떻게 쓰는지 정부가 너무 많이 알게 되는 게 위험하다는 거지. 그래서 그는 "중앙은행 디지털 화폐보다는 민간 기업이 만드는 스테이블코인을 활용하자."라는 주장을 더 많이 해왔어. 이런 이유로 미국의 CBDC 도입에는 제동이 걸릴 가능성이 높아.

사실 미국의 경우 민간 부문에서는 이미 스테이블코인이 엄청난 성과를 내고 있어. USDT(테더)나 USDC 같은 스테이블코인은 전 세계적으로도 많이 사용되고 있거든. 트럼프는 이런 민간 주도의 디지털 화폐를 통해 미국 달러의 힘을 더 키울 수 있다고 생각하고 있지. "굳이 정부가 나서서 CBDC를 만들지 않아도, 민간 기업들이 알아서 잘하고 있다."라는 거지.

결론적으로 미국은 이미 달러가 세계 경제의 중심에 있기에 다른 나라처럼 서둘러 CBDC를 도입할 필요는 없다고 느끼고 있어. 하지만 국제 경제 환경이 변하거나 다른 나라가 디지털 화폐를 적극적으로 쓰기 시작하면 미국도 이에 대응할 수밖에 없겠지. 다만 트럼프 정부 시기에는 디지털 달러 프로젝트 대신 민간 스테이블코인 중심의 정책이 부각될 가능성이 더 높아.

우리나라 한국은행도 '디지털 원화'라는 이름으로 이미 디지털 화폐에 관해 여러 연구와 실험을 진행하고 있어. 특히 최근에는 실제 은행 간 거래나 소규모 결제 같은 현실적인 상황에서 디지털 원화를 어떻게 쓸 수 있는지 파일럿 테스트도 실시했어.

한국은행은 디지털 원화가 기존의 현금을 완전히 대체하는 게 아니라 새로운 결제 수단으로 자리 잡을 거라고 보고 연구를 진행하고 있어. 특히 은행 간 거래에서 디지털 원화를 통해 송금 속도를 더 높이고, 비용을 절감할 수 있을 거라 기대하고 있지. 또한 자판기에서 커피를 사거나 편의점에서 물건을 사는 것 같은 소규모 결제에서 디지털 원화가 활용될 가능성이 높다고 보고, 이런 소규모 결제 시스템에서 디지털 원화의 효용성도 테스트하고 있어.

사실 한국은 세계에서 손꼽히는 IT 강국이고 디지털 기술력이 뛰어난 나라야. 사람들은 이미 모바일 결제나 온라인 쇼핑 같은 디지털 서비스에 익숙한 상태지. 이런 배경 덕분에 디지털 원화가 실생활에 도입되는 속도도 다른 나라보다 훨씬 빠를 것으로 예측돼. 만약 디지털 원화가 출시된다면 카카오페이나 네이버페이 같은 기업의 간편결제 시스템과 쉽게 연동될 테고, 그렇게 되면 사람들은 별다른 어려움 없이 자연스럽게 디지털 원화를 쓰게 될 거야.

한 가지 흥미로운 점은 한국이 디지털 원화를 통해 국제적으로도 경쟁력을 키우려 한다는 거야. 한국은행은 디지털 원화가 잘 자리 잡으면 한류 콘텐츠 수출이나 글로벌 무역에서 한국 원화의 사용을 늘릴 수 있을 거라 기대하고 있어. 특히 일본이나 중국 같은 주변국과의 무역에서 디지털 원화를 활용하면 결제 과정을 더 간단히 하며 경쟁력도 높일 수 있을 거라고 보고 있지.

한국은행은 디지털 원화 개발 과정에서 금융 안정성도 중요하게 생각하고 있어. 디지털 원화가 도입되면 사람들이 기존 은행 계좌를 덜 이용하거나 또 지나치게 많은 사람이 은행에서 돈을 대거 인출해 기존 금융 시스템이 흔들릴 수도 있거든. 한국은행은 이런 문제를 해결하기 위해 디지털 원화를 은행 시스템과 어떻게 조화롭게 운영할 수 있을지 계속 연구하고 있어.

한국은행은 기술력을 기반으로 디지털 원화를 일상생활에 스며들게 할 여러 방법을 고민하고 있고, 이게 잘 실현된다면 한국은 세계에서 디지털 화폐를 가장 잘 활용하는 나라 중 하나가 될 가능성이 높아.

중앙은행이 디지털 화폐를 만들며 생기는 변화

각 나라의 중앙은행들이 디지털 화폐인 CBDC에 관심을 가지는 이유는 여러 가지야. 우선 우리가 사용하는 법정화폐인 원화를 보면 사실 매일 만지고 있는 지폐와 동전은 전체 유통되고 있는 원화의 아주 일부분이야. 나머지 돈은 은행 컴퓨터에 숫자로만 저장이 되어 있는 거지.

오래전 나온 영화 중 〈다이 하드〉라는 영화가 있어. 브루스 윌리스라는 배우가 나온 시리즈 액션 영화인데 이 영화 시리즈 중 4편을 보면 악당이 해커 공격을 통해 미국의 금융 전산망을 공격하는 장면이 나와. 모든 금융 전산망의 금융 데이터가 한곳에 모인다는 가상의 시나리오에서 영화 속 나쁜 해커는 한곳에 모인 중앙화된 데이터를 훔쳐 가고 모든 데이터를 초기화하겠다고 생각하지. 이런 상황이라면 누가 얼마만큼의 돈을 가졌는지를 실제 알 수 없게 되는 거야.

가상의 시나리오이긴 하지만 이런 일이 영화 속에서 상상 가능한 건, 실제 현실에서도 동전이나 지폐로 시중에 유통되는 돈은 전체 돈의 극히 일부분이고 나머지는 전부 전산망에 데이터 상태로 있기 때문이야. 스포일러가 될 수 있어서 영화의 결말은 알려줄 수 없지만, 만약 이런 사태가 실제 일어나게 된다면 아마도 우리의 삶과 일상은 멈춰 버릴 거야. 우리가 사용하는 돈은 동전과 지폐뿐만 아니라 은행의 전산망에 있는 데이터로도 존재해. 그리고 이것을 잘 지키는 것은 정말 중요하지.

중앙은행이 디지털 화폐에 관심을 가지는 이유 ————o

만약에 CBDC와 같이 중앙은행에서 직접 발행하는 디지털 화폐가 블록체인으로 안전하게 관리된다면 어떨까. 아마도 해커가 쉽게 공격하는 일 같은 건 벌어지기 어려울 거야.

CBDC의 장점은 이뿐 아니야. 우선은 결제 시스템의 효율성이 향상되지. 디지털 화폐는 물리적인 인쇄나 운송이 따로 필요가 없어. 구리나 철과 같은 것을 이용해 동전을 주조할 필요도 없고, 특수 잉크와 특수 종이를 사용해서 위조가 어려운 지폐를 만드는 데 들어가는 비용도 들지 않아.

또한 이체나 송금 효율성도 높아져. 한국 내에서는 그래도 빨리 처리되지만, 해외만 가더라도 사실 무통장 입금 하나를 하려고 해도 2~3일 기다려야 하는 것이 일반적이야. 한국의 금융 네트워크가 그만큼 뛰어난 것도 있지만, 해외로 가면 해외 전산망을 사용해야 하기에 효율성이 많이 떨어지지. CBDC를 블록체인 등으로 만든다면 거래가 더욱 빠르고 안전하게 처리될 수 있어. 스마트폰이나 QR코드, NFC(근거리 무선 통신) 기술 등을 이용해서 간단하게 돈을 주고받을 수 있게 되는 거지.

현금을 관리하는 비용도 줄일 수 있어. 디지털 화폐는 블록체인 같은 기능을 이용하면 24시간 내내 작동하기 때문에 은행 영업시간 외에도 편리하게 사용할 수 있어. 또 중앙은행은 기존의 시중은행을 거치지 않고도 곧바로 국민에게 지원금 같은 것을 나눠줄 수 있어.

지난 코로나 때를 기억하지? 당시 한국 정부는 위축된 경제로 어려워진 사람들을 위해서 지원금을 준비했어. 한국은 금융 네트워크가 잘 되어 있어서 주민센터에 직접 신분증을 들고 가면 지원금이 포함된 직불 카드를 주거나 신용카드사와 협력하여 개인이 소유한 신용카드에 직접 지원금을 넣어주기도 했어. 하지만 만약에 내가 특정 회사의 신용카드가 없다면 어땠을까? 지원금을 받지 못하는 경우가 생길지도 몰라.

CBDC는 모든 국민이 은행에 가서 만들 필요 없이 쉽게 전자지갑을 만들고 사용할 수 있게 되어 있어. 만약에 CBDC를 운용한다면 이런 재난 상황에서 국가가 정말 쉽게 모든 국민에게 재난 지원금을 CBDC로 전자 지갑에 직접 넣어줄 수 있는 거지. 중앙은행이 직접 관리하기에 민간 기업인 은행과 따로 이야기하거나 허락을 받을 필요도 없게 되는 거야.

사실 중앙은행이 CBDC에 관심을 가지게 된 이유에는 비트코인이나 이더리움과 같은 암호화폐도 한몫하고 있어. 비트코인은 전통적인 법정화폐를 대체하기 위해서 발명이 되었잖아. 그런데 그 가치가 점점 높아지고 사람들의 관심도 높아지면서 실제로 일부 국가에서는 해외로 보내는 송금 등을 일부 비트코인으로 처리하려는 시도도 있었어.

즉 기존의 중앙은행과 은행들이 만들어 놓은 결제 네트워크와 망을 완전히 무시하고 비트코인의 블록체인 네트워크를 통해 결제가 가능해지는 세상이 온 거야. 이런 일이 일반화되고 많은 이들이 동조하게 된다면 중앙은행의 영향력이 줄어들면서 한 나라의 통화를 조절하는 기관에겐 위협이 될 수도 있는 거지. 그렇기에 이에 대한 대비책으로 CBDC를 눈여겨보는 것도 있어.

CBDC가 도입되면 우리의 일상은 어떻게 변할까?

이번에는 만약 CBDC가 정말로 도입된다면 우리의 일상생활은 어떻게 변할지 한번 살펴보자.

디지털 화폐인 CBDC가 도입되면 실제 우리의 일상생활에는 여러 가지 변화가 생길 거야. 우선 스마트폰만 있으면 QR코드나 NFC(근거리 무선 통신) 기술을 통해 지갑 없이도 모든 결제가 가능해져. 예를 들어, 학교 매점에서 간식을 살 때 현금을 꺼낼 필요 없이 스마트폰으로 간단히 결제할 수 있지.

➜ 한국은행이 테스트중인 디지털화폐 인프라 예시
  (출처: 한국은행 유튜브)

　또 친구와 점심을 먹고 더치페이할 때도 각자 스마트폰으로 쉽게 돈을 주고받을 수 있어. 이렇게 되면 현금을 따로 신경 써서 들고 다니거나 잃어버릴 걱정을 할 필요가 없을 거야.

　디지털 화폐의 도입으로 현금 사용은 더욱 줄어들 것으로 예상돼. 대중교통을 이용할 때도 현금 대신 디지털 화폐로 결제하는 것이 일반화될 수 있어. 지하철이나 버스를 탈 때 교통카드나 현금을 챙길 필요 없이 스마트폰만 있으면 되는 거지.

　물론 지금도 교통카드 없이도 스마트폰에 교통카드가 가능한 자동 결제 시스템을 이용해서 대중교통을 이용할 수는 있지만 기기 운용 시스템에 따라 적용되지 않기도 해. 디지털 화폐의 경우는 하나의 시스템을 사용하기 때문에 이런 문제가 발생하지 않지. 또한 자판기에서 음료수를 살 때도 동전을 찾을 필요 없이 스마트폰으로 결제할 수 있어. 이렇게 되면 일상생활에서 현금을 사용할 일이 거의 없어질 거야.

물론 여기서도 잘 생각해 봐야 할 부분이 있어. 무조건 장점만 있는 것은 아니라는 거지. 만약에 스마트폰의 배터리가 없어진다면 아예 돈이 없는 것과 마찬가지가 될 수도 있어. 또한 지금도 식당이나 카페에서 키오스크와 같은 무인주문기 사용을 어려워하는 어르신들이 있어. 만약 디지털 화폐가 도입되면서 결제 시스템이 달라진다면 이분들에게는 간단하게 무엇을 사고파는 것도 어렵게 느껴질 수 있겠지. 디지털 화폐인 CBDC는 모든 국민에게 영향을 미치기 때문에 도입한다면 다양한 사람들을 고려해서 만들고 사용할 수 있게 하는 것이 중요해.

또 다른 단점이라면, 디지털 화폐는 모든 거래가 기록되기 때문에 정부나 은행이 개인의 소비 습관을 자세히 알 수 있게 된다는 거야. 예를 들어, 네가 어떤 게임 아이템을 언제 구매했는지까지도 기록으로 남을 수 있다는 있지. 이런 점은 프라이버시 침해 우려를 불러올 수 있어. 이론적으로는 부모님이 너의 전자 지갑에 CDBC로 용돈을 주고 나서 나중에 언제 어디서 무엇을 샀는지를 알 수도 있다는 거야. 따라서 디지털 화폐의 편리함과 함께 개인 정보 보호에 대한 고민도 필요해.

디지털 화폐가 본격적으로 도입된다면 이와 함께 블록체인 등의 기술도 발전할 거야. 그러면서 계약, 인증, 데이터 관리 등 다양한 분야에서 이 기술이 활용될 수 있지. 학교에서 동아리 활동을 할 때도 블록체인 기술로 활동 내용을 투명하게 기록하고 관리할 수 있어. 또한 중고 거래를 할 때도 블록체인 기술을 이용하면 거래 내역이 투명하게 기록되어 사기 위험을 줄일 수 있지. 이처럼 새로운 기술의 등장이 우리의 생활을 더욱 편리하고 안전하게 만들어 줄 거라 기대하게 돼.

CBDC 시대를 준비하기 위한 도전 과제

이렇게 디지털 화폐인 CBDC를 도입하려면 많은 연구가 필요해. 먼저 안정적이고 안전한 기술 기반이 필요하지. 이건 대규모 거래를 빠르고 정확하게 처리할 수 있는 시스템을 만들고, 해킹 같은 사이버 공격에 대비한 보안 체계를 갖추는 걸 의미해.

예를 들어, 우리가 온라인 게임을 할 때 서버가 튼튼하고 빨라야 렉(끊김 현상)이 안 생기겠지. 그리고 서버가 안정적이어야 많은 사람이 동시에 접속해도 문제가 안 생기잖아. 마찬가지로 CBDC 시스템도 많은 사람이 동시에 사용해도 끄떡없어야 해. 게임 서버는 몇십만 명이나 몇백만 명 정도가 접속하는 수준이라면, 우리가 사용하는 돈은 적어도 우리나라에 있는 모든 사람이 사용하기 때문에 게임 서버의 규모와는 비교할 수 없을 정도로 사양이 탄탄해야 한다는 거지.

또한 디지털 화폐는 앞서 잠깐 이야기했던 것처럼 모든 거래 내역이 기록되기 때문에 개인의 사생활이 노출될 위험이 있어. 네가 편의점에서 어떤 간식을 샀는지, 언제 샀는지가 모두 기록으로 남는 거야. 이런 정보가 정부나 은행에 의해 추적될 수 있다는 건 좀 꺼림칙하지? 그래서 프라이버시를 보호하면서도 불법적인 활동은 막을 수 있는 균형 잡힌 시스템 설계가 필요해.

CBDC가 도입되면 기존 은행 시스템에도 변화가 생길 수 있어. 사람들이 은행에 돈을 맡기기보다 CBDC로 바꾸는 걸 선택한다면 은행은 돈을 빌려주거나 투자하는 데 어려움을 겪을 수 있거든. 이렇게 되면 금융 시스템 전체의 안정성이 흔들릴 수 있지. 그래서 CBDC를 도입할 때는 이런 부분도 신중하게 고려해야 해.

마지막으로 CBDC를 발행하고 사용하는 데는 법적인 문제도 있어. 기존의 법을 고치거나 새로운 법을 만들어야 할 수도 있거든. 또한 다른 나라와의 거래에서는 각국의 규제를 어떻게 맞출지도 중요한 과제야. 우리가 해외 직구를 할 때 나라마다 다른 규정 때문에 복잡한 절차를 거쳐야 하는 것처럼, CBDC도 국제 거래에서는 그런 문제가 생길 수 있어.

이처럼 CBDC를 도입하려면 기술, 프라이버시, 금융 안정성, 법적 문제 등 여러 가지 도전과 과제를 해결해야 해. 하지만 이런 문제들을 잘 풀어간다면 디지털 화폐는 우리의 생활을 더욱 편리하고 효율적으로 만들어 줄 수 있을 거야.

디지털 화폐가 도입되면 우리의 일상생활에 많은 변화가 생기고 편리함이 늘어날 거야. 하지만 그만큼 새로운 기술에 대한 이해와 프라이버시 보호에 대한 고민도 필요해. 여러분도 이러한 변화에 관심을 가지고 디지털 화폐와 관련된 지식을 쌓아 나간다면 미래 사회에서 중요한 역할을 할 수 있을 거야. 디지털 화폐는 단순한 결제 수단의 변화를 넘어 경제와 사회 전반에 걸쳐 혁신을 이끌어갈 테니까.

디지털 금융 시대, 미래의 주인공은 바로 나!

다양한 디지털 화폐가 등장하면서 세계적으로 금융 환경은 변화의 급물살을 타고 있어. 각 나라 정부가 나서 CBDC를 준비하는 것만 보아도 디지털 금융은 이제 거스를 수 없는 흐름임을 알 수 있지. 이러한 환경에서 특정 지역이나 경제권, 또는 나라에 따라 디지털 화폐에 대한 정책도 달라지고 있어. 이 장에서는 다양한 디지털 화폐의 등장과 함께 나라마다 어떤 정책을 펴고 있으며, 이러한 규제 정책의 방향과 흐름이 왜 중요한지에 관해 이야기해 볼게.

스테이블코인과 CBDC의 장단점

앞서 설명했듯이 스테이블코인은 안정적인 암호화폐'를 뜻해. 미국 달러나 유로 같은 실물 통화에 가치를 맞춰 가격을 안정적으로 만든 암호화폐지. 이러한 스테이블코인은 아직 일반 생활에서 물건을 살 때 결제하는 데 쓰이기보다는 주로 디지털 금융, 특히 디파이나 해외 송금 같은 데 많이 쓰여. 빠르고, 수수료도 낮고, 국경도 넘나들 수 있어서 점점 인기가 많아지고 있지. 2025년을 기준으로, 스테이블코인의 글로벌 시장 규모가 200억 달러를 넘었다고 하니 정말 큰 시장이 된 거지.

민간 기업이 만드는 스테이블코인과 달리 CBDC는 각 국가의 중앙은행이 직접 발행하는 디지털 화폐야. 국가가 보증하니까 신뢰도가 높고, 돈세탁이나 불법 거래를 막는 데도 도움이 돼. 예를 들어 중국의 디지털 위안화는 정부가 모든 거래를 감시할 수 있어서 안정성이 강점이지. 결제 속도도 빠르고, 기존 은행 시스템과 연결하기도 쉬워. 하지만 단점도 만만치 않아. 정부가 너무 많이 통제하면 개인 프라이버시가 걱정되고, 은행 같은 기존 금융기관과 충돌할 수도 있지. 또 만들려면 돈과 시간이 많이 들어서 모든 나라가 쉽게 시작하기는 어려워. 또 나라마다 다른 기술을 기반으로 만든 CBDC는 서로 호환이 안 될 가능성도 매우 높아.

디지털 화폐의 원조 격인 비트코인은 어떨까? 중앙 관리 없이 블록체인으로 운영되니까 개인 자유와 탈중앙화가 큰 장점이지. 전 세계 어디서나 쓸 수 있고, 발행량이 정해져 있어서 '디지털 금'처럼 가치 저장 수단으로 사랑받고 있어. 하지만 가격이 급격히 변동할 가능성이 크지. 하루 만에 20%씩 오르내릴 수도 있어 결제용으로는 불편하고, 거래 속도도 느린 편이지. 게다가 채굴에 에너지를 많이 써서 환경 문제로 욕먹기도 해. 이런 점 때문에 비트코인은 투자나 저항의 상징으로 더 많이 쓰이고 있지.

스테이블코인은 가격이 안정적이니까 장점이 많아. 예를 들어, USDT나 USDC는 달러에 1:1로 맞춰져 있어서 비트코인처럼 하루 만에 가격이 폭락할 걱정이 적지. 그래서 해외로 돈을 보낼 때나 디파이에서 투자를 할 때 안심하고 쓸 수 있어. 민간 기업이 발행하기에 기술 발전도 빠르고, 시장에서 필요로 하는 걸 바로 반영할 수 있는 유연함도 있지. 하지만 단점도 있어. 민간이 만드는 화폐다 보니 발행 회사가 망하거나 돈을 제대로 보관하지 않으면 위험해질 수 있어. 테더(USDT)사가 달러를 충분히 보유하고 있는지 의심받은 적이 있다고 했던 거 기억나지? 규제도 나라마다 달라서 불확실성이 크기도 해.

최근에는 스테이블코인이 빠르게 성장하면서 돈세탁, 테러 자금 조달, 금융 시스템 붕괴 같은 위험이 발생할 수 있다는 걱정도 생겼어. "이걸 어떻게 규제해야 할까?" 하며 각 나라에서도 고민하는 문제가 됐지. 특히 미국, 유럽연합(EU), 중국 등 각기 다른 경제권에서는 스테이블코인에 대해 서로 다른 방향으로 규제를 고민하고 있어. 각 지역이 어떻게 하고 있는지 하나씩 살펴보자.

스테이블코인을 적극 활용하며 고삐를 당기는 미국 ————○

미국은 세계 최대 경제 대국이지만, 암호화폐 규제에서는 그동안 속도가 더뎠던 게 사실이야. 하지만 2025년, 트럼프가 다시 대통령

직에 오르면서 스테이블코인 규제가 본격적으로 물살을 타기 시작했어. USDT나 USDC처럼 스테이블코인은 대부분 미국 달러에 연동되어 발행되기에 미국 정부 입장에서는 무시할 수 없는 존재이기도 하지. 트럼프 행정부는 달러의 글로벌 위상을 강화하려는 전략 아래 스테이블코인을 적극 활용하려는 분위기야.

이런 가운데 지금 미국에서는 SEC(증권거래위원회), CFTC(상품선물거래위원회), 그리고 연방준비제도 같은 주요 기관들이 스테이블코인 규제에 팔을 걷어붙이고 있어. 최근 의회에서는 '금융 혁신 및 기술 21세기 법안'이 뜨거운 감자로 떠오르고 있는데, 이 법안은 스테이블코인 발행사들이 자금을 100% 현금이나 미국 재무부 채권으로 뒷받침하도록 강제하는 내용을 담고 있어. 쉽게 말해 스테이블코인이 무너져도 투자자들이 돈을 잃지 않게 안전망을 만들겠다는 거야.

트럼프가 재집권하면서 한 가지 확실한 정책으로 주장한 것은 중앙은행 디지털 화폐(CBDC), 그러니까 디지털 달러를 만들지 않겠다고 한 거야. 트럼프는 CBDC가 정부의 통제력을 키운다며 반대 입장을 고수하고, 대신 민간 스테이블코인을 지지하는 쪽으로 방향을 잡았어. 달러 기반 스테이블코인이 세계 곳곳에서 쓰이면 미국 달러가 국제 통화로서의 파워를 계속 유지할 수 있다고 본 거지. 실제로 트럼프는 공개 연설에서 "스테이블코인이 달러의 미래"라며 민간 혁신을 강조하기도 했어.

그렇다고 스테이블코인에 대한 규제가 느슨한 건 아니야. 트럼프 행정부는 혁신을 지원하면서도 스테이블코인 발행사의 투명성을 강하게 요구하고 있어. 발행사들이 자금 운용 내역을 공개하고, 소비자 보호를 위한 규칙을 지키도록 압박 중이지. 하지만 여전히 문제는 있어. 의회 내에서 공화당과 민주당의 의견이 엇갈리면서 법안 통과가 쉽지 않고, EU 등이 더 빠르게 규제를 정착시키는 바람에 미국이 뒤처질 수 있다는 우려도 있거든. 그래도 2025년 3월 기준, 트럼프의 강한 추진력 덕에 스테이블코인 규제는 점점 구체적인 형태를 갖춰가고 있어.

암호자산 규제법 '미카MiCA'로 규제의 선두에 선 EU ────○

유럽연합(EU)은 2025년 기준으로 스테이블코인 규제에서 확실히 앞서가고 있어. EU는 2023년 6월 '암호자산 시장 규제법(MiCA)', 일명 미카법을 공식 채택했고, 2024년 12월 30일부터 본격 시행하고 있어. 스테이블코인 관련 규정은 그보다 앞서 6월 30일부터 적용하기 시작했지. '미카(MiCA)'는 스테이블코인을 포함한 암호자산을 포괄적으로 다루는 세계 최초의 종합적인 규제 틀로, EU 27개 회원국이 모두 이 법을 따라 유럽 전역에서 일관된 규칙이 적용되고 있어.

 이 법에 따르면 스테이블코인 발행자들은 자산을 100% 유동자산(현금이나 정부 채권 같은 안전한 자산)으로 뒷받침해야 하고, 특히 비유럽 통화에 연동된 스테이블코인은 하루 거래가 100만 건 또는 2억 유로(약 220억 원)를 넘으면 제한을 받게 돼. 이는 유로화의 주도권을 지키고 혹시라도 생길 금융 시스템에 발생할 위험을 줄이려는 의도지.

　또한 발행자들은 자금 운용 내역을 투명하게 공개하고 사이버 보안과 자금세탁 방지 규정을 철저히 지켜야 해. 또 EU 내에서 법인을 설립하고 허가를 받아야만 운영이 가능하지. 이렇듯 EU는 스테이블코인을 혁신의 한 축으로 보면서도 금융 안정성과 소비자 보호를 최우선으로 삼고 있어. 실제로 미카법이 시행되면서 테더(USDT) 같이 규제를 준수하지 않은 스테이블코인은 유럽 시장에서 점차 퇴출되게 됐어. 2025년 2월 기준으로 주요 거래소들이 USDT 상장 폐지를 늘리는 상황이지.

　반면 미카법을 준수하는 스테이블코인은 이 시장에서 자리를 잡아가고 있어. 예를 들어 서클(Circle)의 USDC는 프랑스에서 EMI 라이선스를 받아 합법화됐어. EMI 라이선스는 '전자 화폐 발행 기관(Electronic Money Institution)' 라이선스로, 이건 정부나 금융 당국이 주는 허가증 같은 거야. EMI 라이선스를 받은 회사는 전자 화폐를 만들고 사람들이 스마트폰이나 컴퓨터로 돈을 거래하는 걸 관리할 수 있어.

　한편, EU는 디지털 유로(CBDC) 개발도 추진 중이야. 유럽중앙은행(ECB)은 2023년부터 디지털 유로를 시험 운용하기 시작해 현재도 테스트를 이어가고 있어. 유럽의 이 같은 움직임은 민간 스테이블코인과 경쟁하면서 유로의 디지털 주도권을 확보하려는 전략으로 볼 수 있어. 미국 달러 기반의 스테이블코인이 유럽을 장악하는 걸 막으려는 의지도 엿볼 수 있지.

　EU의 미카법은 전 세계에 영향을 주고 있어. 미국이나 영국 같은 나라에서 EU의 규제 모델을 참고하여 자체 법안을 검토 중이라는 이야기도 나오고 있지. 하지만 다른 한편 EU 내부에서는 일부 암호화폐 기업들이 미카법의 까다로운 라이선스 요건 때문에 유럽 시장을 떠나거나 불만을 표하고 있기도 해. 준비 과정에 비용이나 시간이 많이 든다는 거지. 일례로 유럽에서는 비트코인 같은 디지털 화폐를 사고팔거나 보관하는 회사들이 2025년 1월부터 일종의 정부 허가증인 암호자산 서비스 제공자 라이선스(CASP)를 신청해야 해. 기존의 업체로서는 새로 생긴 규칙이 부담스럽기도 하겠지. 그래도 유예 기간 등을 활용하며 규제에 적응해 나가는 분위기야.

2025년 2월 현재, EU가 스테이블코인 규제에서 선두를 달리고 있다는 데는 이견이 없어. 암호자산 시장 규제법 미카(MiCA) 덕분에 유럽은 혁신과 안정성을 동시에 잡으려는 실험을 성공적으로 진행 중이고, 이것이 글로벌 표준으로 자리 잡을 가능성도 커 보여.

엄격한 통제 아래 디지털 위안을 밀어붙이는 중국 ———○

중국은 스테이블코인 규제에서 다른 나라들과 확연히 다른 길을 걷고 있어. 2021년 9월, 중국 정부는 비트코인과 스테이블코인을 포함한 모든 민간 발행 암호화폐의 거래와 채굴을 전면 금지했어. 이 조치는 돈세탁, 불법 거래, 그리고 금융 시스템 불안정에 대한 우려에서 비롯됐지. 중국 당국은 디지털 자산이 통제 밖에서 움직이는 걸 용납하지 않겠다는 강한 의지를 분명히 했어. 대신 '디지털 위안(e-CNY)'이라는 중앙은행 디지털 화폐(CBDC)를 개발하여 이를 전면에 내세우고 있지.

디지털 위안은 중국 인민은행(PBOC)이 완전히 통제하는 디지털 화폐야. 중국 정부는 민간 스테이블코인 같은 대안을 허용하지 않고 모든 디지털 결제를 이 시스템으로 집중시키려 하고 있지. 현재까지도 중국은 이 정책을 흔들림 없이 밀어붙이고 있어.

중국의 이런 강경한 태도에는 몇 가지 이유가 있어. 우선 중국 정부는 금융 시스템 전반을 철저히 감시하고 통제하려는 목표를 가지고 있어. 민간에서 발행된 스테이블코인은 중앙 통제를 벗어날 수 있고, 이는 당국이 추적하거나 관리하기 어려운 자금 흐름을 만들어낼 수 있거든. 예를 들어, 테더(USDT) 같은 달러 기반 스테이블코인이 중국 내에서 암거래에 쓰이는 걸 막기 위해 아예 뿌리를 뽑으려는 거야.

다음으로, 중국은 미국 달러의 글로벌 영향력을 줄이고 위안화의 국제적 입지를 강화하려는 야심을 품고 있어. 디지털 위안이 국경을 넘어 사용되면 위안화의 세계적 유통이 늘어나고, 이는 중국 경제의 힘을 키우는 데 도움이 된다고 계산하는 거지.

실제로 중국은 2025년에도 홍콩, 태국 같은 곳에서 진행 중인 '엠브릿지(mBridge) 프로젝트'에서 디지털 위안을 통한 국경 간 결제 실험을 확대하며 이런 목표를 향해 나아가고 있어. 엠브릿지는 'Multiple Central Bank Digital Currency Bridge'의 약자로, 여러 중앙은행 디지털 화폐(CBDC)를 하나의 플랫폼으로 연결하는 것을 목표로 하는 프로젝트야. 홍콩, 중국, 아랍에미리트, 태국 등 여러 중앙은행이 참여하고 있지.

하지만 중국의 이런 엄격한 규제는 중국 내 사용자들에게 큰 불편을 주고 있어. 2021년 금지령 이후 많은 중국인이 해외 거래소나 VPN(Virtual Ptivate Network, 가상 사설망)을 통해 비트코인과 스테이블코인을 몰래 거래하고 있는데, 정부의 단속은 갈수록 치밀해지고 있거든.

중국의 인민은행은 디지털 위안 앱 사용자 수가 2023년 말 기준 2억 6천만 명을 넘어섰다고 밝혔어. 하지만 이 거래량은 알리페이나 위챗페이 같은 민간 결제 시스템에 비하면 여전히 미미한 수준이야. 그래도 중국 정부는 공공기관 급여 지급이나 대중교통 요금 결제 같은 분야에서 디지털 위안 사용을 강제하며 보급을 늘리려 하고 있지.

현재 중국은 스테이블코인 규제 경쟁에서 EU나 미국과는 완전히 다른 길을 가고 있다고 볼 수 있어. 민간 암호화폐를 배제하고 국가 주도의 디지털 화폐로 모든 걸 통제하려는 독특한 실험이 계속되고 있는 셈이야.

암호화폐 규제 경쟁, 왜 중요할까? ────────○

스테이블코인 규제를 놓고도 이렇게 미국, EU, 중국이 각기 서로 다른 입장을 보이고 있어. 암호화폐를 두고 주요 나라들이 이렇게 규제 경쟁을 하는 데는 몇 가지 큰 이유가 있지.

우선 스테이블코인은 금융 시스템에 엄청난 영향을 미칠 수 있는 존재야. 효율적인 결제 수단으로 자리 잡으면 경제가 더 원활하게 돌아갈 수 있지. 하지만 잘못 운영되면 금융 위기를 초래할 위험도 있거든.

또 하나는 각 나라가 자국 통화의 글로벌 위상을 지키거나 키우려는 목표에서 움직인다는 점이야. 스테이블코인이 널리 쓰이면 그 기반이 되는 통화의 영향력이 커질 테니 미국은 달러 기반 스테이블코인을 통해 달러의 국제적 지위를 유지하려 하고 있지.

이에 반해 EU는 디지털 유로를 앞세워 유럽 경제의 자율성을 강화하려 하고 있어. 중국은 더 강하게 나가고 있지. 민간 암호화폐를 아예 배제하고 디지털 위안에만 집중하며 위안화의 영향력을 확장하려는 전략을 세우고 있어. 이는 단순히 기술적인 문제가 아니라 경제와 정치적 패권 다툼으로까지 이어지기에 무척 흥미로워.

2025년 현재, 이 경쟁은 점점 더 뜨거워지고 있지. EU는 미카(MiCA)를 통해 스테이블코인 규제에서 선두를 달리며 글로벌 표준을 세우려 하고 있고, 미국은 트럼프 행정부 아래서 혁신을 억누르지 않으면서도 달러 기반 스테이블코인을 지지하는 방향으로 규제를 조정해 가고 있어. 반면 중국은 민간 스테이블코인을 완전히 배제하고 디지털 위안을 국가 통제 아래 강력히 밀어붙이며 다른 길을 가고 있지. 각 나라가 이렇게 서로 다른 접근법으로 스테이블코인 시장을 다루고 있는 거야.

앞으로 이 시장이 어떤 모습으로 바뀔지 정말 궁금할 정도로 흥미로운 상황이 펼쳐지고 있어. 이 변화가 어떤 방향으로 흘러갈지,

그리고 우리는 어떤 선택을 할지 신중하게 검토하며 살펴볼 필요가 있어.

04

석유 시대를 넘어 디지털 금융 시대로, 변화를 모색하는 미국

옛날에는 돈이 금과 직접 연결되어 있었어. 이걸 금본위제라고 해. 예를 들어 미국 달러는 일정량의 금으로 교환할 수 있었지. 이렇게 많은 나라가 돈의 가치를 금으로 보장했어. 하지만 시간이 지나면서 경제가 발전하고, 전쟁을 치르며 돈을 많이 써야 하는 상황이 생기면서 금만으로 돈의 가치를 유지하기가 어려워졌어. 이런 배경에서 미국은 1971년 금본위제를 폐지했어. 그 뒤로 달러는 금과 상관없이 그 자체로 가치를 가지게 되었지.

금본위제가 폐지되고, 달러는 금이 아닌 미국 정부에 대한 신뢰와 경제력에 기반한 명목화폐가 되었어. 미국은 사람들이 달러의 가치를 믿게 하고 달러의 가치를 안정적으로 유지하기 위한 방법을 찾아야 했지.

그 해결책 중 하나가 바로 '페트로 달러 체제'였어. 1970년대에 미국은 사우디아라비아 등 주요 산유국들과 협정을 맺었어. 그 내용은 세계에서 거래되는 석유를 모두 달러로만 결제하자는 것이었어. 이렇게 하면 전 세계 나라들이 석유를 사기 위해서는 꼭 달러를 가지고 있어야 하지. 결국 달러에 대한 수요가 꾸준히 유지되면서 미국은 달러의 가치를 지킬 수 있게 된 거지.

페트로 달러 체제 덕분에 미국은 세계 경제에서 중요한 위치를 계속해서 유지할 수 있었어. 다른 나라들은 석유를 사기 위해 달러를 보유해야 했고, 이는 미국 경제에 큰 이익을 가져다주었지. 하지만 동시에 다른 나라들은 달러의 가치 변동에 민감해졌고, 세계 경제는 달러에 크게 의존하게 되었지.

하지만 디지털 금융 시대를 맞이하면서 세계 금융 흐름이나 환경도 조금씩 달라지고 있어. 이에 따라 미국의 달러 체제도 새로운 환경에 대한 대응을 고민하고 있는 상황이지. 여기서는 석유 시대를 넘어 디지털 금융 시대에 변화를 모색하는 미국에 대해 살펴보려고 해.

실시간 금융 결제 서비스로 경제 시스템 혁신 ─────○

2023년 7월, 미국 연방준비제도(Fed)는 실시간 총액결제 시스템인 '페드나우(FedNow)'를 공식 출시했어. 이 서비스는 연중무휴 24시간 동안 개인과 기업이 몇 초 만에 자금을 송금하거나 받을 수 있게 해주는 서비스야.

사실 기존의 미국 결제 시스템은 주로 영업시간 내에서만 운영되었고, 주말이나 공휴일에는 서비스가 제한되었어. 이로 인해 급여 입금이나 청구서 결제 등이 지연되는 불편함이 있었지. 특히 긴급한 자금 이체가 필요한 상황에서도 즉시 처리가 어려워 금융 거래의 효율성이 떨어졌어. 이러한 문제를 해결하고자 연준이 페드나우 서비스를 개발하게 된 거야.

우리나라에서는 주말에도 무통장 입금을 하면 몇 초 후에 바로 입금되는 안정적인 은행 시스템을 가지고 있지. 하지만 우리처럼 언제나 빠르게 입출금 처리가 되는 나라가 의외로 많지 않아. 미국도 마찬가지지. 그래서 이렇게 24시간 운영되는 연방준비제도의 결제 시스템이 더욱 특별하게 여겨지는 거야.

페드나우를 통해 미국의 금융 기관들은 365일 24시간 실시간 결제 서비스를 제공할 수 있게 되었어. 시민들도 이제 주말이나 공휴일에도 급여를 즉시 받을 수 있고, 청구서 결제도 지체 없이 진행할 수 있게 되었지. 또한 긴급한 자금 이체가 필요한 상황에서 이체가 신속하게 처리 가능해지니 금융 거래의 유연성이 크게 향상될 것으로 보고 있어.

페드나우는 실시간 총액결제 방식(RTGS)을 채택하고 있는데, 이는 거래가 발생하는 즉시 송금인의 계좌에서 금액이 차감되고 동시에 수신인의 계좌에 입금되는 방식을 의미해. 이러한 즉시 결제는 자금 이동의 지연을 최소화하고, 사용자들에게 신속한 금융 서비스를 제공하지.

또한 페드나우는 송금 서비스 이외에도 지급 요청 서비스, 계정 정보 유지 및 관리, 사기 예방 시스템 등 사용자들이 안전하고 효율적으로 금융 거래를 경험할 수 있도록 돕는 기능도 포함하고 있어. 이를 통해 금융 기관들이 안전하고 효율적인 자금 관리를 할 수 있을 것으로 기대되고 있지.

일부 전문가들은 페드나우의 도입이 중앙은행 디지털 화폐(CBDC) 발행과 연관이 있을 것으로 내다보고 있기도 해. 페드나우를 통해 실시간 결제 인프라가 구축되면, 향후 CBDC 도입 시 원활한 운영이 가능할 것이라는 분석인 거지. 그러나 연준은 현재 페드나우가 디지털 통화와는 직접 관련이 없다고 공식 입장을 밝혔어.

현재 페드나우에는 JP모건 체이스, 웰스파고 등 미국의 주요 금융 기관을 포함한 35개의 기관이 참여하고 있고, 16개의 서비스 제공 업체가 금융 기관과 협력하여 서비스를 운영하고 있어. 아마도 향후 더 많은 금융 기관이 페드나우에 참여하게 될 테고, 이를 통해 실시간 결제 서비스는 미국 전역으로 확대 보급될 거야.

무엇보다 정부 차원에서 페드나우의 도입은 미국 경제 전반의 자금 흐름을 더욱 원활하게 만드는 중요한 혁신이 될 거야. 즉각적인 결제 처리를 가능하게 함으로써 금융 거래의 효율성과 안전성을 높이고, 사용자에게 좀 더 빠르고 편리한 금융 서비스를 제공할 수 있을 것으로 기대되고 있지.

JP모건 체이스가 개발 중인 '예금 토큰'

디지털 화폐로 세계 금융 질서가 변화하는 속에서 미국에서는 금융 기업 차원에서 또 하나의 의미 있는 혁신이 진행 중이야. 미국의 대표적인 은행 기업인 JP모건 체이스는 최근 블록체인 기술을 활용한 '예금 토큰'을 개발하고 있다고 발표했어. 예금 토큰은 고객이 은행에 맡긴 돈을 디지털 토큰 형태로 바꾸는 시스템을 말해. 이 시스템이 개발되면 해외로 돈을 보내거나 결제할 때 훨씬 빠르고 효율적으로 처리할 수 있게 될 거야.

예를 들어, 네가 미국에 사는 친구에게 돈을 보내고 싶다고 생각해 봐. 기존 방법으로는 은행을 통해 송금해야 하고, 이 과정에서 며칠이 걸릴 수도 있어. 하지만 예금 토큰을 사용하면 디지털 방식으로 몇 초 만에 친구에게 돈을 보낼 수 있는 거지. 이렇게 빠른 거래는 특히 해외 송금이나 국가 간 거래인 국제 무역에서 큰 장점이 될 수 있어.

예금 토큰은 기존의 스테이블코인과 비슷하면서도 다른 면이 있어. 스테이블코인은 일반적으로 특정 자산에 연동되어 가치를 안정적으로 유지하려는 디지털 화폐를 말하지. 하지만 예금 토큰은 실제 은행 예금을 기반으로 하기에 안정성이 높고, 은행의 신뢰성을 그대로 이어받을 수 있다는 장점이 있어. 또한 은행 시스템 내에서 발행되기 때문에 규제와 보호 측면에서도 더 안전하다고 볼 수 있지. 이는 사실상 은행이 직접 예금 토큰을 이용해 스테이블코인과 비슷한 것을 만들었다고도 볼 수 있어.

이러한 예금 토큰 도입은 금융 거래의 효율성을 높이고, 국제 결제에서 속도와 비용을 개선하는 데 큰 도움이 될 것으로 전망되고 있어. 또한 디지털 자산과 전통 금융 시스템 간의 연결을 강화하여 새로운 금융 서비스 발전에도 기여할 수 있을 것으로 기대를 모으고 있지. 물론 새로운 기술의 도입에는 항상 신중한 접근이 필요해. 특히 금융 분야에서는 보안과 규제 준수가 매우 중요하니까.

언론 보도에 따르면 JP모건 체이스는 필요한 인프라를 개발하고 규제 당국의 승인을 기다리고 있다고 해. 예금 토큰 시스템이 어떻게 안전하고 신뢰할 수 있는 시스템으로 만들어질지 궁금하고 기대하게 돼.

디지털 결제 인프라 구축으로 달러 경쟁력 강화할까 ──────○

페드나우와 예금 토큰 같은 변화들은 기존의 페트로 달러 체제에 새로운 흐름을 만들어 내고 있어. 페트로 달러 체제는 석유를 비롯한 주요 국제 거래가 달러로 결제되도록 함으로써 미국 달러의 글로벌 지위를 유지하는 핵심 요소였어. 하지만 페드나우와 예금 토큰 같은 새로운 결제 시스템이 도입되면 국제 결제 방식이 더욱 효율적으로 변화하면서 기존의 달러 유동성 흐름이 조정될 가능성이 있어.

특히 JP모건의 예금 토큰은 글로벌 결제 프로세스를 간소화하고 결제 속도를 높이는 역할을 하면서 다른 법정 통화나 디지털 자산과의 경쟁에서 달러의 활용성을 더욱 강화할 수 있어. 즉, 이러한 변화가 디지털 결제 인프라를 통해 달러의 경쟁력을 높이는 방향으로 작용할 가능성이 크다는 얘기야.

미국의 이러한 움직임은 디지털 금융 시대에 맞춘 새로운 글로벌 결제 인프라를 구축하는 과정으로 볼 수 있어. 장기적으로 이러한 혁신이 축적되면 국제 금융 질서에 점진적인 변화가 일어날 수도 있지.

예를 들어, 스마트폰이 처음 나왔을 때는 단순히 전화와 문자 기능을 제공하는 데 불과했지만, 시간이 지나면서 우리의 생활 방식 자체를 바꿔 놓았지. 마찬가지로 페드나우나 예금 토큰 같은 시스템도 처음에는 기존 금융 시스템을 보완하는 역할을 하지만 점진적으로 금융 생태계를 근본적으로 변화시킬 가능성이 있어.

결론적으로 페드나우와 예금 토큰 같은 혁신적인 결제 시스템은 기존 페트로 달러 체제와 공존하면서도 새로운 변화를 만들어 낼 거야. 이러한 변화들이 국제 금융 시스템과 달러 패권에 어떤 영향을 미칠지는 지속적으로 주의 깊게 지켜볼 필요가 있어.

세상은 이미
디지털 화폐로
이동 중

디지털 화폐라도 CBDC와 같이 각 나라의 중앙은행이 발행하는 디지털 화폐는 법적으로 그 나라의 일반 돈과 같은 지위를 가지게 돼. 그런데 비트코인과 같은 암호화폐의 지위는 그렇지 않아. 나라에 따라 비트코인을 금지시키는 경우도 있거든.

비트코인은 특정 국가가 만든 것이 아니라 사토시 나카모토라는 사람이 만든 거야. 그가 익명으로 만든 코드를 전 세계 사람들이 운영하고 블록체인을 유지하면서 사용되고 있지. 그런 이유로 일부 국가에서는 비트코인을 통제할 수 없는 존재로 여기고 아예 금지시키고 있어.

실제로 중국에서는 한동안 비트코인으로 거래하는 것이 금지되기도 했어. 최근에는 비트코인을 소유하는 것이 불법이 아니라는 판결이 중국 내에서도 나오기는 했지만, 여전히 중국의 기업들은 암호화폐 투자나 관련 사업을 하는 것이 금지되어 있지.

이와는 반대로 비트코인을 합법적으로 인정하는 나라들도 많아. 우선 가장 대표적인 예로는 엘살바도르가 있어. 엘살바도르는 남 미에 있는 국가인데 2021년 전 세계에서 최초로 달러와 더불어 비 트코인을 공식적인 화폐로 인정했어. 이게 무슨 말이냐면, 네가 엘 살바도르에 가서 커피를 살 때 달러 대신 비트코인으로도 계산할 수 있다는 뜻이야. 이 나라는 대통령인 나이브 부켈레가 비트코인 에 빠져 나라 전체에 도입하기로 결정했지.

엘살바도르에서는 비트코인을 많이 사용하도록 장려하기 위해 앱도 만들었어. 이름은 '치보 월릿'이라고 해. 당시 이 앱을 다운로 드하면 30달러어치의 비트코인을 무료로 주면서 사용을 장려했다 고 해. 실제로 엘살바도르에서 사람들은 비트코인으로 음식을 사 거나 버스비를 낼 수 있어. 비트코인으로 버스를 타는 모습, 상상만 해도 신기하지?

최근에는 엘살바도르가 비트코인 정책을 좀 더 세련되게 다듬고 있다는 이야기가 나오고 있어. 초기에는 국민의 비트코인 사용을 강하게 밀어붙였다면, 최근에는 외국인 투자자를 유치하고 블록체 인 기술을 활용한 경제 발전에 더 중점을 두고 있대. 사실 그사이 다른 국가들이 엘살바도르를 많이 압박했다고 해. 비트코인과 같 은 통제되지 않는 자산을 화폐로 사용하면 국제 사회에서 불이익 을 받을 수 있을 것이라는 경고를 하기도 하고. 현재는 국제 금융 기구인 IMF와 협의해서 일정 부분 지원을 받으면서 엘살바도르 내에서 화폐로서 비트코인의 영향력을 조금씩 줄인다고 해.

합법적으로 거래 가능한 미국 ——————————————○

미국은 비트코인을 공식 화폐로 인정하지는 않지만, 합법적으로 거래할 수 있는 나라야. 뉴욕 같은 대도시에서는 비트코인 ATM도 볼 수 있고, 일부 상점에서는 비트코인으로 결제할 수도 있지. 뉴욕의 한 피자 가게에서는 비트코인으로 피자를 구매할 수 있기도 해.

미국과 중국은 비트코인에 대한 접근 방식이 크게 달라. 중국은 2021년부터 비트코인 채굴과 거래를 전면 금지했고, 그 결과 많은 중국 채굴자들이 다른 나라로 이동해야 했지. 이에 반해 미국은 비트코인 채굴 사업을 키우기 시작했어. 상대적으로 규제가 덜하고, 전기 요금이 저렴한 지역이 많은 미국은 채굴자들에게 매력적인 곳으로 여겨졌어. 그러면서 미국은 세계 최대의 비트코인 채굴 허브로 부상했어.

도널드 트럼프가 미국 대통령에 재선되면서 최근 비트코인에 대한 미국의 정책 방향은 급물살을 타고 있어. 트럼프는 미국이 암호화폐 산업에서 세계적 리더십을 확보하기 위해 전략적 비트코인 준비금을 창설해야 한다고 강조했어. 이러한 친암호화폐 정책은 비트코인의 가치 상승에도 영향을 미쳤지. 실제로 트럼프 당선 이후 비트코인 가격은 10만 달러를 돌파하며 사상 최고치를 기록했어.

이처럼 미국은 비트코인에 대한 규제를 완화하고, 산업을 지원하는 방향으로 나아가고 있어. 이는 중국의 강력한 규제와는 대조적인 모습이지. 앞으로 미국에서 비트코인의 지위는 더욱 강화될 것으로 예상돼.

결제 수단으로 인정한 일본, 규제와 혁신의 균형잡기 중 ──○

일본은 2017년에 비트코인을 공식 결제 수단으로 인정했어. 이 결정은 일본이 디지털 자산을 제도권 내에 수용하려는 의지를 보여주는 중요한 이정표였지. 일본 사람들은 신기술에 대한 호기심이 많아서 로봇이나 인공지능(AI) 같은 기술에서도 앞서 있어. 그래서 비트코인 같은 디지털 자산에 빠르게 적응한 것인지도 몰라. 현재 일본의 편의점에서는 비트코인으로 과자를 살 수 있어.

일본의 암호화폐 생태계는 다양한 측면에서 발전하고 있어. 2014년에는 도쿄에 본사를 둔 비트코인 거래소인 마운트곡스가 해킹 사건으로 인해 약 85만 개의 비트코인을 도난당하는 사건이 발생했어. 이러한 사건으로 인해 일본 규제 당국은 다른 국가보다 훨씬 이른 시기에 개입하게 되었고, 이는 비트코인에 대해 조기에 명확한 규제 틀을 제공하는 결과로 이어졌지.

일본은 암호화폐를 법적으로 인정하는 국가 중 하나야. 법정화폐까지는 아니지만, 특정하지 않은 사람들에게 지급 수단으로 사용할 수 있는 '암호 자산'으로 정의하고 있지. 일본은 암호화폐 소유와 투자에 제한을 두지 않고 있어. 다만 암호화폐 거래소 운영자는 등록 의무를 준수해야 하지. 일본 금융청(FSA)은 이러한 거래소를 엄격히 감독하며, 자금세탁방지 및 소비자 보호를 위한 규정을 철저히 시행하고 있어. 규제와 더불어 혁신을 장려하려는 이러한 접근 방식이 바로 암호화폐에 대한 일본 정책의 특징이지.

예를 들어, 일본의 투자 회사인 메타플래닛은 암호화폐에 대한 기관의 관심 증가를 반영하여 비트코인 보유량을 크게 늘리며 성장했어. 그러나 일부 암호화폐 거래소는 당국의 규제가 지나치게 엄격하다며 일본 시장에서 철수하는 기도 했어.

일본은 암호화폐 규제의 선구자로서 혁신과 투자자 보호를 위한 엄격한 감독 사이에서 균형을 잘 유지하고 있지. 일본의 암호화폐 생태계는 이러한 규제와 혁신의 균형 속에서 정부와 민간 기업 모두가 디지털 자산의 잠재력을 인식하고 이를 활용하려 노력하며, 지속적으로 성장하고 있어. 이러한 환경은 일본이 암호화폐와 블록체인 기술 분야에서 글로벌 리더로 자리매김하는 데 중요한 역할을 하고 있어.

암호화폐 기업을 끌어들이는 비트코인의 중심지, 스위스 ──○

금융 강국으로 잘 알려져 있는 스위스는 최근에는 비트코인의 중심지로도 떠오르고 있어. 특히 추크(Zug)라는 작은 도시가 '크립토 밸리(Crypto Valley)'라는 별명을 얻으며 전 세계적으로 주목받고 있지. 이곳은 단순히 자연 경관과 체리 케이크로 유명한 것만이 아니라 블록체인과 비트코인을 활용하는 곳으로 더 유명해졌어.

2019년에는 스위스 금융시장감독청(FINMA)이 세계 최초로 암호화폐 전문 은행에 은행 라이선스를 발급했어. 이더리움 같은 대형 블록체인 프로젝트도 이 지역에 기반을 두게 되었지. 현재는 약 1,300개의 블록체인 관련 기업들이 이곳에서 활동하고 있어.

추크의 성공에는 몇 가지 이유가 있어. 먼저 스위스는 암호화폐 산업을 규제하면서도 혁신을 장려하는 균형 잡힌 접근 방식을 취하고 있어. 또한 세금 혜택과 투명한 규제 환경 덕분에 많은 기업들이 안정적으로 운영할 수 있는 기반을 마련했지. 이런 점들은 암호화폐 산업의 지속 가능성을 높이고 있어.

추크에서는 비트코인을 실생활에서도 사용할 수 있어. 예를 들어, 지방세를 비트코인으로 납부할 수 있고, 기차표도 비트코인으로 구매할 수 있지. 이런 점에서 스위스는 비트코인을 단순한 투자 수단이 아니라 경제 활동의 일부로 통합하려는 노력을 보여주고 있어. 이 같은 혁신적인 접근은 많은 암호화폐 기업들을 추크로 끌어들이고 있어.

조심스러우면서도 거래가 활발한 나라, 한국 ───────○

한국은 비트코인 같은 암호화폐에 대해 조심스럽게 접근하는 나라야. 처음엔 신기하고 새로운 기술이라며 주목받았지만, 시간이 지나 투기 과열과 사기 같은 문제가 발생하면서 정부가 규제에 나서

게 됐어. 그래도 한국은 여전히 암호화폐 거래가 활발한 나라 중 하나야. 우리나라 사람들이 새로운 기술을 빠르게 받아들이고 투자 열정도 높아서 그런지 전 세계 암호화폐 거래량 중 꽤 많은 부분이 한국에서 발생한다고 해.

암호화폐가 한국에서 처음 주목받기 시작한 건 2010년대 초반이야. 하지만 2017년 들어 비트코인 가격이 급등하면서 진짜 열풍이 불었어. 그 당시 사람들은 비트코인으로 쉽게 돈을 벌 수 있다고 생각해서 학생부터 직장인까지 모두 암호화폐에 뛰어들었지. 심지어 "코인으로 집을 샀다"라는 이야기도 들릴 정도였어. 그런데 그렇게 뜨겁던 열풍이 곧 문제가 되기 시작했어. 암호화폐를 이용한 사기와 불법 거래가 늘어나고, 투자에 실패한 사람들이 큰 손실을 보게 되었거든.

이런 상황에서 한국 정부는 2017년 말부터 암호화폐에 대한 강력한 규제를 검토하기 시작했어. 예를 들어, 미성년자와 외국인이 암호화폐 거래를 하지 못하게 막았고, 거래소 운영자들에게는 실명 계좌를 사용하도록 했어. 이 과정에서 거래소 폐쇄 이야기도 나왔는데, 국민 반발이 워낙 커서 결국 폐쇄는 이루어지지 않았지. 이 시기에 청와대 국민 청원 게시판에 '암호화폐 규제 반대' 청원이 올라와서 20만 명 넘게 서명한 일이 있었는데, 이게 엄청난 화제가 되기도 했어.

또한 2020년에는 특정금융정보법(특금법)을 개정해서 암호화폐 거래소에 신고 의무를 부여했어. 쉽게 말해 거래소가 정부의 허가를 받아야만 운영할 수 있게 만든 거야. 이로 인해 규모가 작은 거래소들이 상당수 문을 닫았어. 그래도 업비트나 빗썸 같은 대형 거래소는 계속 운영 중이라 여전히 많은 이들이 비트코인을 사고팔고 있지.

한국에서 비트코인 거래가 활발한 이유 중 하나로 '김치 프리미엄'이라는 독특한 현상이 언급되기도 해. 이게 뭔지 알아? 같은 비트코인이라도 한국에서는 다른 나라보다 가격이 더 비싸게 거래되는 현상을 말해. 이 때문에 해외에서 비트코인을 싸게 사서 한국에서 비싸게 파는 사람들도 있었어. 물론 이런 차익 거래는 정부규제로 점점 줄어들었지만, 한때는 큰 이슈였지.

한번은 한국의 한 거래소에서 서버가 다운되는 바람에 사람들이 제때 코인을 팔지 못한 사건이 있었어. 이 때문에 손해를 본 사람들이 거래소에 항의했는데, 이 일이 언론에 크게 보도되면서 암호화폐의 문제점이 주목받기도 했어. 또 암호화폐를 너무 열심히 거래하다가 직장 일이나 학업을 소홀히 하는 사례가 많다는 비판이 일기도 했지. 이런 비판으로 인해 정부가 "암호화폐는 도박과 같다."라며 경고하기도 했어.

현재 한국은 암호화폐에 대해 명확히 금지하지는 않지만, 거래소나 투자자들이 지켜야 할 규정이 많은 편이야. 예를 들어, 거래소는 고객의 신원을 확인하고, 자금 세탁 방지 시스템을 운영해야 해. 그리고 암호화폐로 돈을 벌었을 경우 세금을 내야 하지. 이런 규제가 있는 것도 모두 암호화폐 시장을 안정적으로 관리하고자 하는 거야.

한국 사람들이 암호화폐에 관심이 많은 이유는 새로운 기술과 투자 기회에 대해 적극적이고 호기심이 많기 때문이야. 물론 암호화폐로 큰 손실을 본 사람도 많지만, 여전히 이 기술이 가져올 미래에 대한 기대가 높지. 앞으로 암호화폐가 어떻게 발전할지, 그리고 한국이 이 시장에서 어떤 역할을 할지 지켜보는 것도 흥미로울 거야.

6장

디지털 사회가
가져올
세상의 변화

우리는 이미
'디지털 화폐'
세대

요즘 10대는 부모님께 용돈을 어떻게 받아? 예전에는 현금을 받아서 지갑에 넣고 다니고 물건을 살 때는 현금을 꺼내 쓰는 게 일반적이었어. 물론 아직 현금으로 용돈을 받는 친구들도 있지만, 요즘은 대개 신용(체크)카드를 통하거나 스마트폰에 'OO페이'와 같은 결제 시스템을 연동해서 용돈을 받는 경우가 많은 것 같아.

스마트폰으로 간단하게 결제하거나 계좌 이체하는 게 사실은 점점 더 익숙해지고 있지. 식당에 가서 음식을 사 먹더라도 이제는 직접 계산대에서 현금을 주고 사 먹기보다는 무인 기기에서 메뉴를 고르고 신용카드를 넣어서 결제하는 방식으로 사 먹는 경우가 더 많아지기도 했어. 사실 이런 변화는 시작에 불과해. 지금 우리는 완전히 새로운 돈의 시대로 들어가고 있거든.

우리는 조개껍데기부터 시작해서 금화, 은화 등을 거쳐 종이돈까지 다양한 형태의 돈을 사용해 왔어. 역사적으로 보면 돈의 형태가 계속 변해왔다고 볼 수 있지. 예를 들어 고대 그리스나 로마 시대에는 금화와 은화를 돈으로 사용했고, 중국에서는 세계 최초로 종이돈을 만들어 쓰기도 했어. 우리도 조선시대에 상평통보라는 화폐를 만들어 썼지.

현대에 들어서는 주로 지폐와 동전을 돈으로 사용했지만, 신용카드 결제라는 새로운 방법도 등장하며 돈에 접근하는 방법이 다양해졌어. 이 책에서 우리가 말하고 있는 가상화폐, 암호화폐도 디지털 시대가 되면서 새로운 형태의 화폐가 등장한 것으로 볼 수 있어.

손으로 만질 수 없는 돈의 시대 ─────────────○

비트코인에 대해서는 이제 많이 알게 되었지? 2009년도에 시작된 비트코인은 처음으로 국가나 정부 같은 중앙의 통제 관리 없이 컴퓨터 네트워크만을 이용해 관리하는 화폐로 등장했어. 마치 실체가 없던 게임 속 아이템이 실제로 가치를 가지게 된 것과 같은 현상이 발생한 거지.

비트코인이 만들어진 배경을 살펴보다 보면 그저 흥미로우면서도 다른 한편 돈에 대해 다시 새롭게 생각하게 돼. 2008년에 전 세계에 금융 위기가 왔고 모든 나라가 힘들어했지. 당시 금융 위기가 온 가장 큰 이유는 미국 은행들이 사람들에게 너무 쉽게 돈을 빌려줬기 때문이야. 쉽게 돈을 빌릴 수 있다 보니 나중에는 심지어 자기 강아지 이름으로 돈을 빌렸다는 이야기도 나왔지. 그리고 그렇게 빌린 돈으로는 많은 사람들이 부동산을 사기 시작했어. 너도나도 부동산을 사니까 부동산 가격이 오르고, 모두가 부자가 될 것만 같았지. 하지만 결국 부동산 버블이 터진 거야. 그리고 돈을 빌려줬던 은행들이 돈을 돌려받지 못하게 되면서 문 닫을 위기에 처했고, 일부는 정말로 문을 닫기도 했지.

은행이 문을 닫는 상황은 자칫 국가 경제 위기로도 이어질 수 있기에 정부는 은행들을 도와주기로 했어. 은행이 빌려준 돈을 못 받으니 정부가 대신 돈을 주기로 한 거야. 이때 정부는 어디서 그렇게 많은 돈이 나서 은행을 도와줬을까? 미국이나 한국과 같은 국가에는 중앙은행이 있어. 중앙은행은 우리가 사용하는 돈을 만들어 내는 권한이 있지. 그 권한을 이용해서 미국 정부는 은행들을 살리기로 한 거야.

비트코인을 만든 사토시 나카모토는 이런 방식으로 중앙 기관에서 돈을 만들어 낼 수 있는 법정화폐에 불만을 가졌어. 그래서 어떤 특정 인물이나 국가, 정부도 마음대로 더 만들 수 없고, 누구라도 쉽게 사용할 수 있는 그런 화폐를 만들고자 했지. 그렇게 우리가 매일 쓰는 인터넷을 바탕으로 전 세계 사람들이 연결되고 국경을 넘어 더 쉽게 돈을 주고받을 수 있도록 비트코인을 만든 거야.

물론 디지털 화폐에 비트코인만 있는 건 아니야. 중국에서는 이미 현금 없는 사회가 실현되는 중이지. 알리페이라는 시스템 덕분에 거의 모든 걸 스마트폰으로 결제하고 있거든. 길거리 음식을 사거나 택시를 탈 때도 QR코드만 찍으면 간단하게 돈을 낼 수 있어. 심지어 거리의 거지들도 QR코드를 들고 다니면서 구걸할 정도가

→ 디지털 원화의 예시
 (출처: 한국은행 유튜브)

되었다고 하지. 상상이 잘 안 되지만 이런 식으로 우리가 매일 매
일 사용하는 돈이 변하고 있고 점차 디지털화되어 가고 있어.

디지털 원화가 상용화된다면 이런 게 달라져

한국을 한번 볼까? 한국은 사실 이미 신용카드를 이용해 결제하는
것이 일반화된 나라야. 여기에 네이버페이나 카카오페이, 삼성페이
와 같은 모바일 결제 시스템도 많아져서 사람들은 이제 더는 현금
을 잘 들고 다니지 않게 되었어. 그리고 이제는 한국은행이 디지털
화폐를 만들기 위해 열심히 준비하고 있지. 바로 CBDC(중앙은행 디
지털 화폐)라고 불리는 디지털 원화를 테스트하고 있거든. 흥미로운

건 이 돈을 쓰는 방법이 정말 간단하다는 거야.

예를 들어, 코로나 시기에 정부가 지원했던 재난 지원금 같은 것도 카드사를 통하거나 직접 주민센터를 방문해 신청하고 신용카드나 체크카드 또는 모바일 상품권으로 받아야 했는데, 만약 디지털 원화가 생기면 그런 불편함이 사라지게 돼. 그냥 스마트폰으로 바로 지급받고 사용할 때도 스마트폰 앱에서 QR코드만 보여주면 되는 거지.

실제로 한국은행이 시연한 자료를 보면, 스마트폰에 QR코드를 만들어서 보여주고 가게에서 이걸 스캔하면 끝이야. 결제하는 데 채 3초도 걸리지 않아. 심지어 스마트폰을 물건 가까이 대기만 해도 결제가 된다고 해. NFC(근거리 무선 통신)라는 기술을 사용하는 건데, 버스나 지하철을 탈 때 교통카드를 단말기에 대는 것처럼 편리하게 쓸 수 있는 거지.

이런 방식이 왜 좋을까? 예를 들어서, 급식카드, 문화누리카드, 지역사랑상품권처럼 여러 가지 카드를 따로따로 들고 다닐 필요가 없어져. 전부 스마트폰 하나로 해결되는 거야. 게다가 가짜로 사용하거나 잘못 쓰는 걸 막을 수도 있어.

가게 주인들한테도 좋은 점이 있어. 지금은 손님이 카드로 결제하면 카드 회사에 수수료도 내야 하고, 돈이 들어오는 데도 시간이 걸리잖아. 디지털 원화를 쓰면 그런 번거로움이 줄고, 돈도 실시간으로 확인할 수 있어. 우리나라가 이렇게 미래의 돈을 만들어 가는 걸 보면서 자부심도 느낄 수 있지. 한국이 IT 강국이라는 게 이런 거였구나 하고 말이야.

단 여기서 한 가지 생각해 봐야 할 점이 있어. 디지털 원화를 포함한 모든 디지털 화폐는 장점만큼이나 주의해야 할 점도 있거든. 스마트폰으로 쉽게 결제할 수 있다는 건 정말 편리하지만, 그만큼 보안에도 신경 써야 해. 네가 좋아하는 게임 계정이 해킹당하면 아이템을 다 잃을 수 있는 것처럼 디지털 화폐도 비밀번호 관리를 잘하지 않으면 위험할 수 있어.

또 한 가지 중요한 점은 디지털 화폐의 가치가 얼마나 안정적이냐 하는 거야. 비트코인 같은 암호화폐는 하루아침에 가격이 크게 변하기도 하거든. 하지만 한국은행이 만드는 디지털 원화는 우리가 쓰는 일반 원화와 같은 가치를 가지도록 설계되기 때문에 훨씬 안정적이야. 이건 정말 중요한 부분이야.

디지털 원화가 생기면 우리 생활이 정말 편리해질 거야. 학교 매점에서도 스마트폰으로 간단히 결제하고, 용돈도 디지털 화폐로 받을 수 있겠지. 하지만 동시에 우리는 더 똑똑해져야 해. 비밀번호 관리도 잘하고, 이상한 링크는 클릭하지 않는 등 디지털 보안 수칙을 잘 지켜야 하거든. 스마트폰이 곧 지갑이 되고 내 돈이 있는 곳이 되니까 그만큼 스마트폰을 잘 관리해서 잃어버리지 않도록, 다른 사람이 함부로 접근할 수 없도록 해야 하지.

새로운 기술이 나오면 항상 좋은 점과 걱정되는 점이 함께 있기 마련이야. 디지털 원화도 마찬가지야. 좋은 점은 돈을 더 쉽고 빠르게 주고받을 수 있다는 거야. 또 현금처럼 잃어버릴 걱정도 없고, 내 소비 내역을 확인하기도 쉽지. 하지만 동시에 개인정보 유출이나 해킹 같은 새로운 문제도 생길 수 있어.

우리는 이런 변화를 잘 이해하고 준비해야 해. 특히 지금 여러분의 나이에 이런 내용을 배우는 건 정말 큰 장점이 될 수 있어. 어른들은 새로운 기술을 배우는 게 더디고 어려울 수 있지만, 스마트폰과 함께 자란 세대는 자연스럽게 받아들일 수 있잖아. 스마트폰으로 게임하고 친구들과 채팅하는 것처럼 디지털 화폐도 우리에겐 그저 일상이 될 거야.

이런 변화는 새로운 직업을 만들어 내기도 해. 블록체인 개발자, 디지털 화폐 보안 전문가, 핀테크 전문가처럼 미래에는 지금은 없는 새로운 직업이 많이 생길 거야. 여기서 핀테크는 영어의 금융을 뜻하는 Finance의 Fin과 기술을 의미하는 Technology의 Tech를 합친 말이야. 즉 금융을 이용한 기술을 만들어 가는 전문가라는 뜻이지. 어쩌면 여러분 중에서 미래의 디지털 화폐 전문가가 나올지도 모르지!

우리는 정말 흥미진진한 새로운 시대를 살고 있어. 돈이 더 이상 손으로 만질 수 있는 종이나 동전이 아닌 디지털 세상 속에 존재하는 시대로 가고 있는 거야.

탈중앙화
화폐가 바꿔 놓을
우리의 미래

여기서는 탈중앙화 화폐가 가져올 변화와 미래 모습을 한번 상상해 보려고 해. 이미 실제 현실화된 부분도 있고, 가능성으로 우리가 개발해 나가야 할 부분도 있지. 중요한 건 기술의 잠재력을 좋은 방향으로 현명하게 발전시켜 나가는 거야. 이를 위해서는 차근차근 열린 마음으로 새로운 기술을 배워나가는 태도가 중요하지. 그러면서 주의하고 해결해야 할 문제들도 하나씩 풀어나가는 거야. 그럼 탈중앙화 화폐가 불러올 미래를 구체적으로 예측해 보자.

송금? 결제? 이보다 더 편리할 수는 없다

우리가 평소에 돈을 주고받을 때는 현금을 직접 주고받거나 대부분 은행을 이용해 송금하거나 받게 돼. 친구한테 돈을 보내려면 은행 앱을 써야 하고, 해외에 있는 누군가에게 돈을 보내려면 이보다 훨씬 복잡한 절차를 거쳐야 하지. 해외로 돈을 보내려면 수수료도 꽤 비싸. 그런데 비트코인 같은 탈중앙화 화폐를 사용하면 이런 불편함이 사라질 수 있어.

예를 들어볼까? 네가 〈마인크래프트〉나 〈로블록스〉 같은 온라인 게임에서 외국 친구를 사귀었다고 생각해 봐. 그 친구가 만든 멋진 게임 캐릭터 스킨이나 특별한 아이템을 사고 싶은데 일반 돈으로는 거래하기가 쉽지 않은 상황이야. 환전도 해야 하고, 송금하는 데도 시간이 걸리고, 수수료도 비싸거든. 하지만 비트코인을 사용하면 이런 거래를 단 몇 분 만에 끝낼 수 있어. 스마트폰으로 비트코인을 보내기만 하면 되니까 정말 간단하지.

물론 현재 비트코인은 적은 금액을 송금하기에 수수료가 비싸기는 해. 비트코인의 경우 100원을 전송해도 10억을 전송해도 전송 수수료에 크게 차이가 없거든. 그래서 100원을 전송할 때 수수료가 훨씬 더 높게 나올 수 있어. 하지만 높은 수수료 문제를 해결하기 위한 다양한 기술적인 보완책들이 이미 나와 있어. 이런 기술이 보완되면 탈중앙화 화폐인 비트코인을 이용해서 전 세계에 있는 친구들에게 수 초 만에 저렴하게 돈을 보낼 수 있게 되지.

또 다른 재미있는 예시를 들어볼게. 학교 축제에서 먹거리 장터를 연다고 상상해 봐. 이런 행사에서는 주로 현금 거래만 하기에 미리 거스름돈을 준비해야 해서 번거롭기도 했지. 탈중앙화 화폐를 활용하면 이런 것도 간편하게 결제할 수 있어. QR코드만 찍으면 바로 결제가 되고, 거래 내역도 모두 기록되니까 정산하기도 쉽지.

게다가 수익금을 반 친구들끼리 나눌 때도 복잡한 계산 없이 자동으로 분배할 수 있어.

물론 "신용카드로도 쉽게 결제할 수 있지 않을까?"라고 생각할 수도 있을 거야. 하지만 신용카드를 이용해서 결제하려면 신용카드 회사의 허가를 받아야 하고 신용카드를 인식할 수 있는 단말기도 따로 구매해야 해. 그래서 보통 학교 축제와 같은 곳에서는 사용하기가 쉽지 않지. 비트코인과 같은 탈중앙화 화폐는 따로 허가가 필요 없고 스마트폰만 있으면 서로 거래할 수 있기에 충분히 사용이 가능한 거야.

뛰어난 보안, 투명한 거래 ───────────────○

이런 사용상의 편의 외에도 탈중앙화 화폐는 보안성과 투명성이 뛰어나. 블록체인이라는 기술 덕분에 모든 거래 기록이 여러 컴퓨터에 저장되거든. 마치 우리가 단체 채팅방에서 대화를 나누면 모든 사람이 같은 대화 내용을 갖고 있는 것처럼, 거래 기록도 여러 곳에 똑같이 저장돼. 그래서 누군가가 거래 내용을 바꾸려고 해도 바꾸는 게 거의 불가능하지.

실제로 다음과 같은 경우를 생각해 보자. 한 학생이 주말에 온라인으로 한정판 운동화를 구매했는데, 판매자가 갑자기 돈을 받지 못했다고 주장한 거야. 일반 계좌 이체였다면 은행이 관련 정보를 내주어야만 증명할 수 있겠지? 만약에 비트코인으로 결제했다고 가정하면 이 학생은 블록체인에 기록된 거래 내역을 보여주면서 이미 결제가 완료됐다는 걸 증명할 수 있어. 모든 거래가 투명하게 공개되어 있기에 누구나 확인할 수 있지!

또 재미있는 예시가 있어. 학교 동아리에서 회비 관리를 탈중앙화 화폐로 하는 거지. 예전에는 회계 담당자가 엑셀로 일일이 기록하고 관리했다면, 이제는 모든 수입과 지출이 자동으로 기록되고 동아리 부원 모두가 실시간으로 확인할 수 있게 되는 거지. 덕분에 회비가 어디에 얼마나 쓰이는지도 더 투명하게 알 수 있게 되는 거야.

'스마트 계약'을 활용한 창의적인 경제 활동 ────────○

탈중앙화 화폐를 이용하면 새로운 방식의 경제 활동도 할 수 있어. 특히 이더리움이나 솔라나 같은 플랫폼에서는 '스마트 계약'을 할 수 있는데, 이 스마트 계약을 잘 활용하면 일상 생활에서의 작은 거래가 더 편리해질 수 있어.

친구들과 공동 구매를 하는 경우에 누가 먼저 돈을 내고 나중에 일일이 돈을 모아 정산하는 게 귀찮을 때가 있잖아. 이때 스마트 계약을 활용하면 이런 과정이 자동화될 수 있어. 예를 들어 점심 도시락을 단체로 주문할 때 이런 시스템을 사용할 수 있지. 주문하고 싶은 사람 수가 일정하게 모이면 자동으로 주문이 되고 정산도 되니 정말 편리하겠지.

어떤 학생들이 교내 매점에서 대량 주문 할인을 받기 위해 이 시스템을 활용하는 것도 상상해 볼 수 있어. 10명 이상이 주문하면 20% 할인해 주는 시스템을 만들었다고 해보자. 스마트 계약으로 자동으로 인원을 모집하고 돈을 모으고 주문 인원이 다 차면 자동으로 주문이 되고 못 채우면 각자 돈이 다시 돌아가게 만드는 거지. 탈중앙화 화폐 중에 스마트 계약을 할 수 있는 암호화폐를 사용하면 이런 걸 직접 만들고 활용할 수 있는 거야.

특히 글로벌 활동이 늘어나는 요즘, 국가나 은행에 상관없이 자유롭게 거래할 수 있는 탈중앙화 화폐는 점점 더 유용해질 거야. 우리가 꿈꾸지 못했던 새로운 일이 가능해질 수도 있지. 외국 친구들과 함께 온라인으로 새로운 프로젝트를 진행하거나 다른 나라의 상품을 직접 구매하거나 내가 만든 디지털 작품을 전 세계에 판매할 수도 있어. 어쩌면 블록체인을 이용한 멋진 서비스나 앱을 만들 수도 있지.

물론 아직 해결해야 할 문제들도 많아. 법적인 규제가 필요하기도 하고, 기술을 악용하는 경우도 방지해야 하지. 이런 문제들을 하나씩 해결해 나간다면 탈중앙화 화폐는 우리의 미래를 더 폭넓게, 편리하고 공정하게 만들어 줄 거야.

취미, 문화, 예술도 다르게 즐길 수 있어

재미있는 건 탈중앙화 화폐가 우리의 취미 생활도 바꿀 수 있다는 점이야. 예를 들어, 요즘 인기 있는 포켓몬 카드 수집을 생각해 보

자. 지금은 카드를 직접 가지고 있어야 하고, 진품인지 확인하기도 어렵지만, 블록체인 기술을 사용하면 디지털 카드의 소유권을 증명할 수 있고 전 세계 수집가들과 쉽게 거래할 수 있어. 실제로 어떤 카드 회사는 이미 블록체인 기반의 디지털 카드 게임을 출시해서 사용하고 있어.

음악이나 영화 감상도 변화할 수 있어. 지금은 음원 사이트나 스트리밍 서비스를 통해서 음악을 듣지만, 탈중앙화 시스템에서는 아티스트와 팬이 직접 연결될 수 있어. 어떤 밴드는 자신들의 음악을 블록체인 플랫폼에 올려서 팬들이 직접 구매하도록 하기도 해. 이런 경우 보통 수익의 대부분이 아티스트에게 돌아가니 그들이 더 많은 음악을 만들 수 있는 환경을 만들어 줄 수 있지.

운동이나 건강 관리에도 활용될 수 있어. 한 헬스링을 만든 업체는 사용자가 운동 목표를 달성하면 토큰을 주는 시스템을 만들었어. 예를 들어 매일 만보 걷기를 달성하면 토큰을 받을 수 있고, 이 토큰으로 운동 앱의 생태계가 어떤 방향으로 만들어질지 같이 결정하기도 하는 거야. 모든 운동 기록이 블록체인에 저장되니까 속일 수도 없고, 다른 사람들과 기록을 공유하면서 동기부여도 될 수 있지.

소비 습관과 학습 방식까지 바꾸는 기술 ─────────○

재미있는 점은 이런 기술이 우리의 소비 습관도 바꿀 수 있다는 거야. 지금은 뭔가를 살 때 가격만 보고 결정하는 경우가 많지. 하지만 블록체인 기술을 사용하면 그 물건이 어디서 어떻게 만들어졌는지, 환경에 얼마나 영향을 미쳤는지도 확인할 수 있어. 예를 들어, 어떤 운동화 브랜드가 자사 신발이 어떤 재료로, 어디서, 누구에 의해 만들어졌는지 생산 단계의 모든 정보를 블록체인에 기록할 수도 있지. 이런 정보를 보고 소비자는 더 좋은 선택을 할 수 있게 되는 거야.

디지털 자산의 상속이 가능한 것도 흥미로운 변화야. 지금은 게임 아이템이나 디지털 콘텐츠를 다른 사람에게 물려주기가 어렵지만, 블록체인을 사용하면 가능해질 수 있어. 네가 열심히 모은 게임 아이템이나 디지털 아트 작품을 나중에 동생에게 물려줄 수 있게 되는 거야. 실제로 어떤 게임 회사는 이런 기능을 테스트하고 있어. 아예 처음부터 블록체인 기반으로 새롭게 만들어지는 게임들도 생겨나고 있지.

탈중앙화 기술은 우리의 학습 방식도 바꿀 수 있어. 지금은 학교나 학원에서 배운 내용을 증명하려면 성적표나 수료증이 필요하지? 근데 블록체인을 사용하면 내가 배운 모든 것을 디지털로 증명할 수 있어. 예를 들어 온라인 강의를 듣고 프로젝트를 완성하면 그 기록이 블록체인에 저장되고, 이걸 나중에 포트폴리오로 사용할 수 있는 식이야.

이런 기술은 우리가 봉사활동이나 사회 공헌 활동을 하는 방식도 바꿀 수 있어. 어떤 환경 단체는 쓰레기를 줍거나 재활용품을 분리수거하면 토큰을 주는 시스템을 만들 수 있어. 이 토큰으로 친

환경 제품을 살 수도 있고, 나무 심기 프로젝트에 기부할 수도 있게 만드는 거지. 모든 활동이 기록되니까 내가 환경 보호에 얼마나 기여했는지 한눈에 볼 수 있지!

식품 유통도 투명하게! 저작권 보호도 확실히! ───────○

미래에는 이런 기술이 더 발전해서 우리가 상상도 하지 못한 일들이 가능해질 거야. 지금은 집이나 자동차를 살 때 복잡한 서류 작업이 필요하지만, 블록체인을 사용하면 계약서 작성부터 대금 지급까지 모든 과정이 디지털로 자동 처리될 수 있어. 실제로 어떤 부동산 회사는 집을 팔 때 비트코인을 받는 경우도 생겨나고 있어.

농산물이나 식품의 유통 과정도 투명해질 수 있어. 지금은 우리가 먹는 음식이 어디서 왔는지 정확히 알기 어렵지만, 블록체인을 사용하면 산지에서 식탁까지의 모든 여정을 추적할 수 있어. 학교 급식실에 이런 시스템을 도입했다고 상상해 보자. 학생들이 먹는 식재료의 원산지와 유통 과정을 스마트폰으로 확인할 수 있으니 혹시라도 음식물 때문에 문제가 생기는 것을 초기 단계부터 방지할 수 있을 거야.

우리가 SNS를 사용하는 방식도 달라질 거야. 지금은 우리가 SNS에 올리는 게시물이나 사진의 저작권을 제대로 보호받기 어렵지. 내가 열심히 만든 콘텐츠를 누군가가 스크린샷만 해서 다른 곳에 올려 더 많은 조회수를 올리고 '좋아요'를 받는 어처구니 없는 경우도 많이 발생하고 있어. 하지만 블록체인을 사용하면 달라질 수 있어. 내가 찍은 사진이나 쓴 글의 저작권을 확실하게 증명할 수 있고, 다른 사람이 무단으로 사용하면 바로 알 수 있게 되는 거지.

이렇게 보면 탈중앙화 기술은 우리 생활의 거의 모든 부분을 바꿀 수 있는 잠재력을 가지고 있어. 하지만 이런 변화가 좋은 방향으로 이뤄지려면 우리 모두 이 기술을 이해하고 현명하게 사용하는 게 중요해. 새로운 기술이 등장할 때마다 그랬듯이 이번에도 우리는 잘 적응하고 더 나은 미래를 만들어갈 수 있을 거야.

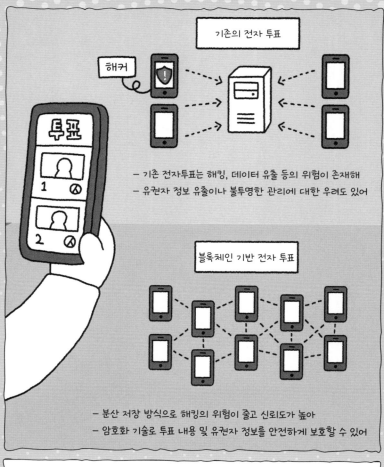

블록체인 기술로 실현하는 직접 민주주의

디지털 화폐와 블록체인 기술은 경제 활동뿐만 아니라 사회 활동과 정치의 장에서도 혁신을 가져올 수 있어. 이 기술이 시민들의 직접 참여를 용이하게 하고 의사 결정 과정의 투명성을 보장하며 우리 사회 민주주의 실현에 크게 기여할 수 있기 때문이지.

민주주의와 블록체인 기술의 공통점

앞에서 이야기한 것처럼 블록체인은 정보를 여러 컴퓨터에 나누어 저장하고, 한 번 기록된 내용은 수정하거나 삭제할 수 없는 기술이야. 마치 반에서 함께 공유하는 '학급 일기장'처럼 모든 사람이 같은 내용을 가지고 있고 한번 쓴 내용은 지울 수 없는 거지. 이 덕분에 데이터의 투명성과 보안성이 높아져. 외부에서 함부로 내용을 수정할 수 없기 때문에 투명하고 공정한 운영이 가능한 것이 특징이야.

디지털 화폐는 이러한 블록체인 기술을 기반으로 만들어진 전자화폐를 말해. 비트코인이나 이더리움 같은 암호화폐가 그 예시야. 실제 실물로 존재하는 동전이나 지폐는 없지만, 인터넷상에서 진짜 돈처럼 사용할 수 있지.

그럼, 이제 민주주의를 들여다볼까? 직접 민주주의는 시민들이 대표자를 거치지 않고 직접 정책 결정에 참여하는 형태의 민주주의를 의미해. 마치 우리가 반장을 뽑을 때처럼 모든 사람이 직접 투표하는 거야. 하지만 인구가 많아지면서 모든 사람이 직접 참여하기는 어려워졌지.

여기에 디지털 화폐와 블록체인 기술이 접목된다면 어떨까? 투표나 정책 결정 과정에 이 기술을 활용하면 시민들의 직접 참여가 더 쉬워지고, 그 과정이 더 투명하고 안전하게 관리될 수 있어. 예를 들어, 블록체인 기반의 전자 투표 시스템을 생각해 보자. 시민들은 스마트폰이나 컴퓨터를 통해 온라인으로 투표에 참여할 수

↱ 블록체인 기술을 활용한 모바일 주민등록증
(출처: 행정안전부)

있어. 블록체인 기술 덕분에 투표 내용은 안전하게 저장되고, 누구도 이를 조작할 수 없지. 또한 모든 투표 과정이 공개되어 투명성이 높아지지. 이렇게 하면 부정 선거의 위험이 줄어들고, 시민들의 신뢰도 높아져.

블록체인 기술로 민주주의에 한 걸음 더 가까이!

블록체인 기술을 이용하면 신원 확인도 모바일로 가능해져. 이미 한국에서 운전면허증이 모바일로 발급되고 있고, 주민등록증도 시범 사업을 거쳐 2025년 3월부터 모바일로 발급받을 수 있게 됐지. 정부에 따르면 모바일 주민등록증은 블록체인과 암호화 기술을 적용해 개인정보 유출과 부정 사용을 방지하고 높은 수준의 보안을 보장했다고 해.

실제로 에스토니아와 스위스의 일부 지역에서는 블록체인 기반 전자 투표를 시도하고 있어. 이러한 시스템을 통해 시민들은 집에서도 간편하게 투표에 참여할 수 있고, 결과는 신속하고 정확하게 집계되지. 종이 투표가 아닌 모바일 투표이기 때문에 집계도 쉽고, 빠르게 확인 가능하다는 장점이 있지.

투표는 꼭 선거에만 사용되는 것이 아니라 우리 일상에서도 활용될 수 있어. 예를 들어 학교 급식 메뉴를 정하는 것을 생각해 보자. 모든 학생이 스마트폰으로 다음 달 급식 메뉴에 투표할 수 있고, 투표 결과도 실시간으로 확인할 수 있어. 학생증 역시 블록체인 기술을 이용해서 위조 불가능하게 만들면 투표 결과는 실시간으로 모두에게 투명하게 공개되고 반영될 수 있어.

또 다른 예로, 스마트 계약을 활용한 정책 결정을 생각해 보자. 스마트 계약은 특정 조건이 충족되면 자동으로 실행되는 프로그램이야. 마치 자판기에 동전을 넣으면 자동으로 음료수가 나오는 것처럼. 시민들이 디지털 화폐를 통해 특정 프로젝트에 자금을 지원하고, 그 자금의 사용 내역이 블록체인에 기록되어 투명하게 공개된다면 어떨까? 이렇게 하면 공공 자금의 사용이 더욱 투명해지고, 시민들의 참여 의식도 높아지겠지.

예를 들어 우리 동네에 새로운 공원을 만드는 프로젝트를 진행한다고 해보자. 주민들은 디지털 화폐로 나무 한 그루를 심을 수 있어. 이렇게 모인 기부금이 어떻게 사용되는지는 블록체인에 모두 기록되어서 누구나 확인할 수 있지.

또한 디지털 플랫폼을 통해 시민들이 직접 정책을 제안하고, 토론하며, 투표하는 과정도 가능해져. 이러한 시스템은 시민들의 적극적인 참여를 유도하고, 정책 결정 과정의 민주성을 높여주지.

독일에는 '해적당'이라는 재미있는 이름의 당이 있어. 주로 디지털 혁신이나 인터넷 혁신을 주장하는 당이야. 이 해적당은 디지털 플랫폼을 운영하고 있는데, 바로 당원들이 직접 정책을 제안하고 투표할 수 있는 시스템이야. 이를 통해 당원들의 의견이 직접 정책에 반영되고, 대표자는 그 결정을 대변하는 역할만 하게 되지. 이처럼 디지털 화폐와 블록체인 기술을 활용하여 의사 결정 시스템을 만들면 시민들이 직접 정책 결정에 참여하고 그 과정을 투명하게 확인하는 직접 민주주의를 실현하는 데 큰 도움이 될 수 있어.

지금 우리가 사용하는 투표 시스템의 문제점도 한번 생각해 볼까? 투표하려면 투표소에 직접 가야 하고, 투표 용지에 직접 손으로 작성해야 해. 또 개표할 때도 사람이 일일이 손으로 세어야 하니까 시간도 오래 걸리고 실수할 수도 있지. 투표 결과를 조작하려는 시도가 있을 수도 있어. 하지만 블록체인 기술을 활용하면 이런 문제들을 해결할 수 있어. 스마트폰 앱을 통해 본인 인증을 하고 투표하면 투표한 내용은 즉시 블록체인에 기록되니까 누구도 바꿀 수 없고, 투표 결과도 컴퓨터가 자동으로 계산해 주니까 빠르고 정확하지.

학교 입학이나 취업할 때 제출하는 서류도 블록체인으로 관리할 수 있어. 예를 들어, 우리가 받은 성적표나 자격증을 블록체인에 저장하면, 누구도 이걸 위조할 수 없고 필요할 때마다 쉽게 증명할 수 있지. 이렇게 되면 서류를 위조하거나 거짓말을 하는 일도 줄어들겠지?

디지털 화폐를 활용하면 기부나 모금 활동도 더 투명하게 할 수 있어. 우리 동네에 유기견 보호소를 만들고 싶다고 해보자. 주민들이 디지털 화폐로 기부하면, 그 돈이 정말로 유기견 보호소를 만드는 데 쓰이는지 누구나 확인할 수 있어. 돈이 어디로 새거나 엉뚱한 곳에 쓰이는 일도 없겠지.

스마트 계약을 통해 약속도 더 확실하게 지킬 수 있어. 친구랑 공부 내기를 한다고 생각해 보자. 시험 성적이 몇 점 이상 나오면 자동으로 약속한 보상을 받을 수 있게 되는 거야. 누군가가 약속을 깨거나 조건을 바꿀 수 없으니 더 공정하겠지?

블록체인으로 우리의 개인정보도 더 안전하게 보호할 수 있어. 지금은 개인정보가 여러 곳에 흩어져 있어서 유출될 위험이 있지만, 블록체인을 사용하면 내가 원할 때만 필요한 정보를 골라서 제공할 수 있어. 예를 들어, 성인 인증이 필요할 때 나이 정보만 보여주고 다른 정보는 숨길 수 있는 거야.

미래에는 도시 전체가 블록체인으로 연결될 수도 있어. 버스나 지하철 같은 대중교통, 공공시설 이용, 공과금 납부 등 모든 것이 디지털 화폐로 자동 처리되는 거지. 이렇게 되면 우리 생활이 더 편리해질 뿐만 아니라 도시 운영도 더 효율적으로 할 수 있지.

해결해야 할 문제도 있어 ─────────────────────o

하지만 이런 시스템을 도입하려면 몇 가지 준비가 더 필요해. 먼저, 모든 시민이 디지털 기기를 잘 다룰 수 있어야 하고, 인터넷도 잘 연결되어 있어야 해. 또 이런 시스템을 안전하게 운영할 수 있는 법과 제도도 마련되어야 하지. 이런 과정이 중요한 것은 같은 시대에도 다양한 세대, 다양한 계층이 함께 살고 있기 때문이야.

요즘은 무인화가 가속화되어서 식당에 가도 종업원이 없고 키오스크 주문 기기 앞에서 직접 주문해야 하는 경우도 많잖아? 우리가 사용하는 데에는 크게 문제가 없지만 가끔은 어떻게 주문해야 할지 난감해하는 어르신들도 볼 수 있어. 우리 사회에는 디지털화에 빠르게 적응하지 못하는 이들도 있어. 사회 모든 영역이 디지털화된다면 이런 이들은 더는 세상에 참여하지 못하게 될 수도 있지. 그래서 모든 사람이 낙오 없이 민주주의에 참여할 수 있게 하려면 미리 많은 준비가 필요한 거야.

그렇다고 걱정할 필요는 없어. 이런 문제들을 하나씩 해결해 나간다면, 블록체인과 디지털 화폐는 우리 사회를 더 민주적이고 투명하게 만드는 데 큰 도움이 될 거야. 특히 너희 같은 젊은 세대가 이런 기술을 잘 이해하고 건강한 방향으로 활용한다면, 미래에는 분명 더 나은 세상을 만들 수 있을 거라고 믿어.

중요한 건 이런 기술이 우리 삶을 더 좋게 만드는 도구가 될 수 있다는 거야. 기술 자체보다는 이걸 어떻게 활용하느냐가 더 중요하지. 우리 모두 책임감을 가지고 참여한다면, 분명 더 공정하고 투명한 미래를 만들 수 있을 거야.

04 디지털 화폐를 사용할 때 주의해야 할 것들

디지털 금융은 우리의 가까운 미래 환경이 될 거야. 지금도 우리 주변에는 디지털 화폐를 사용하는 이들이 점점 더 많아지고 있지. 다만 디지털 화폐를 사용할 때는 주의해야 할 게 많아.

먼저 디지털 화폐는 가격이 자주 오르락내리락해. 해킹이나 사기를 당할 위험도 있지. 특히 돈이나 금융에 대한 이해가 높지 않다면 더더욱 신경 써야 해.

더구나 현재 학교 교육은 급변하는 금융 환경에 대응하는 교육을 발 빠르게 따라가지 못하는 실정이야. 저축하는 법이나 용돈 관리하는 법은 가르쳐줄지 몰라도 블록체인이라는 기술이 뭔지, 디지털 화폐가 왜 위험할 수 있는지, 또 어떤 점에서 기회가 될 수 있는지까지는 깊이 있게 알려주지 않지.

여기서는 10대 청소년들이 이해하기 쉽게 디지털 화폐를 안전하게 다룰 수 있는 방법을 알려주려고 해. 하루 만에 가격이 크게 변하는 비트코인 같은 암호화폐의 특성부터 해킹, 사기와 같은 위험으로부터 돈을 지키는 법, 디지털 화폐를 안전하게 사용하는 법까지 차근차근 알아보자.

비트코인은 하루 만에도 가격이 크게 변동해 ──────○

디지털 화폐 중에서 가장 유명한 비트코인은 가격이 진짜 롤러코스터처럼 움직여. 아침에 1비트코인이 1억 원이었다가도 저녁이 되면 8,000만 원으로 떨어질 수도 있고, 반대로 1억 2천만 원까지 올라갈 수도 있어. 이렇게 가격이 오르락내리락하는 게 비트코인의 특징이야. 비트코인의 가격은 왜 이렇게 변동이 큰 걸까?

비트코인은 은행이나 나라에서 관리하는 돈이 아니라 사람들이 사고팔면서 가격이 정해지는 돈이야. 그러다 보니까 기사 하나에도, 유명한 사람의 말 한마디에도 가격이 크게 흔들릴 수 있어. 예를 들어, 몇 년 전에 테슬라라는 자동차 회사 대표인 일론 머스크가 비트코인을 받겠다고 했다가 안 받겠다고 말을 바꾼 일이 있었는데, 그때 비트코인의 가격이 크게 요동쳤어.

이런 변동성 때문에 '그냥 궁금해서', 아니면 '친구들이 비트코인 사면 돈 번다고 해서' 덜컥 돈을 투자하는 것은 위험할 수 있어. "지금 사야 나중에 부자 돼!" 같은 말에 끌리다가 잘못하면 용돈이나 아껴둔 돈을 다 잃을 수도 있거든. 몇 년 전에도 디지털 화폐 가격이 갑자기 내려가면서 많은 이들이 하루 만에 많은 돈을 잃은 일이 있었어. 그러니까 비트코인 같은 디지털 화폐를 다루려면 먼저 돈이 어떻게 움직이는지 알아야 해. 무작정 따라 하는 것은 투자라기보다 도박이 될 수 있거든. 특히 투자할 수 있는 돈이 많이 없을 때는 더 조심해야 해. 잃고 나서 다시 돈을 모으기가 힘들어질 수도 있어.

해킹과 사기도 조심해야 해 ─────────○

디지털 화폐를 이용할 때는 해킹이나 사기꾼 문제도 조심해야 해. 은행에 넣어둔 돈처럼 누가 지켜주는 게 아니기에 나쁜 사람들이 노리기 쉽거든. 인터넷에서 멋진 광고를 보고 돈을 보냈는데, 그 사이트가 가짜라서 연락이 끊기는 경우도 있고, 또 진짜처럼 보이는 가짜 디지털 화폐를 판다고 속이는 사람들도 있지. 몇 년 전에는 '오징어 게임'이라는 유명한 드라마 이름을 따서 만든 가짜 코인으로 사람들이 돈을 잃은 일도 있었지.

특히 유튜브나 인스타그램 같은 SNS에서 "이거 사면 100배 번다!" 같은 광고는 진짜 조심해야 해. 그런 말에 속아서 돈을 투자했다가 다 날리는 투자자들도 꽤 많아. 어떤 유튜버가 "지금 이 코인 사면 대박"이라고 해서 따라 했는데, 알고 보니 그 유튜버가 돈을 받고 광고한 거였던 일도 있거든. 그러니까 SNS에서 떠도는 말이나 멋진 광고를 바로 믿지 말고, 꼭 믿을 만한 사람한테 물어보고 직접 공부하면서 확인하는 습관을 길러야 해.

디지털 화폐는 은행이 없어서 나 혼자 지켜야 해. 그러니까 개인 정보와 보안을 잘 관리하는 게 진짜 중요하지.

블록체인의 경우는 내 지갑의 주소를 알면 세상 누구라도 그 지갑 안에 얼마만큼의 자금이 있는지를 볼 수 있어. 그리고 그 지갑의 비밀번호까지 알게 되면 누구라도 그 안에 있는 자금을 마음대로 인출해 사용할 수 있지. 실제로 디지털 화폐를 넣어두는 지갑의 비밀번호를 잊어버리면 자금을 영원히 못 찾게 돼. 진짜야! 은행 같으면 비밀번호를 잊어도 다시 찾을 방법이 있지만, 디지털 화폐는 그렇지 않거든.

또 가짜 지갑 앱을 깔거나 피싱 사이트라는 이상한 웹사이트에 들어가서 지갑을 잘못 연결해도 자금을 도둑맞을 수 있어. 예를 들어, 한 친구가 스마트폰에 지갑 앱을 깔았는데, 알고 보니 그 앱이 가짜였어. 이때 기존 지갑의 비밀번호를 잘못 입력했다가 자금이 다 사라지는 일도 있어. 또 이메일로 "여기 로그인하면 암호화폐를 준다"라는 이상한 메시지를 받고 들어갔다가 지갑 비밀번호를 털린 일도 있지.

그러니까 앱이나 사이트를 쓸 때는 꼭 진짜인지 확인하고, 비밀번호는 절대 남한테 말해주면 안 돼. 또 가능하면 스마트폰이나 컴퓨터에 출처가 명확하지 않은 곳에서 받은 자료는 깔지 않는 것이 좋아. 디지털 화폐는 내가 책임져야 하는 돈이니까 보안에 신경 쓰지 않으면 큰일 날 수도 있어.

디지털 화폐, 안전하게 쓰려면 어떻게 해야 할까? ─────○

이렇게 설명하니 디지털 화폐가 무섭게 느껴질 수도 있지만 미리 잘 알아두고 조심히 사용하면 괜찮아. 그러기 위해선 몇 가지를 기억해야 해.

먼저 비트코인의 가격이 왜 오르고 내리는지 조금씩 해 보는 게 좋아. 뉴스에서 비트코인 이야기가 나오면 관심 있게 살펴봐. 가격이 오른다고 하면 "왜 지금 가격이 오르는 걸까?" 생각해 보는 거야. 또 돈을 넣기 전에는 꼭 어른들이나 믿을 만한 사람한테 물어보고, 내가 잃어도 괜찮을 만큼만 시도해 보는 게 좋아. 전 재산을 다 넣는 건 절대 안 돼!

해킹이나 사기를 피하려면 의심스러운 링크나 광고는 클릭하지 말고, 앱을 깔 때도 평이 좋은 걸 골라 깔아야 해. 가능하면 언제나 공식 홈페이지에서 공유된 앱 링크를 통해 설치하기를 추천해. 지갑 비밀번호는 종이에 적어두고 잘 보관하거나 머릿속에 꼭꼭 기억해 둬야 해. 혹시 스마트폰을 잃어버릴까 봐 걱정되면 중요한 건 따로 보관하는 습관을 들이는 게 좋겠지.

디지털 화폐는 앞으로 더 많이 쓰일 거야. 무서워만 하지 말고 똑똑하게 배우면서 준비해 보자. 블록체인이 뭔지, 디지털 화폐가 어떻게 작동하는지를 알면 사기꾼한테 덜 속고, 자산도 안전하게 지킬 수 있을 거야. 디지털 화폐의 세계는 위험할 수도 있지만, 잘 알면 멋진 기회가 될 수도 있어. 지금부터 천천히 배워 나가자!

슬기로운
미래 금융 생활을 위한
똑똑한 경제 습관

우리가 사는 세상은 점점 더 디지털화되고 있어. 스마트폰으로 물건을 사고, 돈을 보내고, 심지어 디지털 화폐로 투자까지 할 수 있는 시대지. 이런 멋진 변화 속에서 잘 살아가려면 돈을 다루는 똑똑한 습관을 만드는 게 진짜 중요해. 그냥 무작정 남이 좋다는 걸 따라 하다 보면 큰 손실을 볼 수도 있거든.

여기서는 디지털 금융 생활을 슬기롭게 만들어 줄 경제 습관에 대해 이야기하려고 해. 내 돈과 정보를 안전하게 지키는 법부터 투자할 때 조심해야 할 점까지 차근차근 알려줄게. 이 습관들을 잘 익혀두면 앞으로 어떤 디지털 세상이 와도 당황하지 않고 잘 헤쳐 나갈 수 있을 거야.

가장 먼저 돈에 대한 기본 지식을 쌓는 게 필요해. 특히 요즘은 디지털 화폐가 주목받고 있으니 디지털 화폐가 어떻게 생겨났고, 어떻게 돌아가는지 조금씩 공부해 두는 게 좋아.

금융 지식을 배우는 게 중요해 ─────────────○

앞에서 설명했듯이 비트코인이나 이더리움 같은 화폐는 은행이나 국가가 관리하지 않고, 전 세계 컴퓨터들이 기록을 나눠 가지고 있기에 조작하기 어려운 특성을 지니고 있지. 대신에 법정 화폐와 같이 일정한 가치를 유지하기가 어렵고 변동성이 심한 단점도 있어. 이렇게 기본적인 개념을 이해하면 디지털 화폐가 왜 인기 있는지, 또 어떤 점에서 조심해야 하는지도 보이기 시작할 거야.

금융 지식을 배우는 건 단순히 돈 모으는 법을 배우는 게 아니야. 비트코인 가격이 왜 오르락내리락하는지, 뉴스에 언급되거나 사람들이 많이 사면 가격이 어떻게 변하는지 알게 되면 함부로 뛰어들지 않게 돼. 또 디지털 화폐가 은행 계좌처럼 안전한 게 아니라 스스로 지켜야 한다는 점도 깨닫게 돼. 이런 걸 미리 알아두면 나중에 돈을 다룰 때 훨씬 현명한 선택을 할 수 있어.

지속적으로 믿을 만한 정보를 찾아보면서 "이게 뭐지?"라는 질문에 답을 찾아가는 습관을 만들어 보자. 궁금한 걸 그냥 지나치지 않고 알아가려고 하는 습관이 미래를 위한 큰 준비가 될 거야.

무조건 투자하지 말고 충분히 공부해 ─────────────○

디지털 화폐나 주식 같은 투자 얘기를 들으면 무엇보다 "쉽게 돈을 벌 수 있다"라는 말에 귀가 솔깃할 때가 있어. "이거 사면 대박 난

다"라는 SNS 광고를 보거나 "나 이걸로 돈 벌었어"라는 친구들의 자랑을 들으면 더 끌릴 수 있어. 하지만 이런 말에 바로 넘어가지 않는 게 좋아. 투자라는 건 돈을 버는 만큼 잃을 위험도 큰 일이거든. 비트코인은 하루 만에 가격이 2,000만 원 넘게 떨어지거나 반대로 오를 수 있어. 하지만 그걸 정확히 맞추는 건 진짜 어려워.

그러니까 돈을 투자하기 전에 충분히 공부하는 시간을 가져야 해. 디지털 화폐에 관심이 생겼다면 그게 뭔지, 어떻게 움직이는지 알아보고, 믿을 만한 전문가나 부모님께 물어보는 것도 좋은 방법이야. "이거 투자해도 괜찮아요?"라고 물어보면 어른들이 경험에서 나오는 조언을 해줄 거야.

또 투자하라고 추천하는 내용을 볼 때는 "이게 정말일까?"하고 의심해 보는 습관도 필요해. 가짜 코인을 팔아서 사람들 돈을 다 가져간 사기꾼도 있었거든. 그러니까 "쉽게 돈 벌게 해 준다"라는 달콤한 말에 속지 말고, 내가 이해한 만큼만 움직이는 게 안전해. 적은 돈으로 시작해 보고 잃어도 괜찮을지 생각해 보는 것도 좋은 공부가 될 거야.

사이버 보안과 개인정보 보호를 철저히 해 ————————o

디지털 세상에서 돈을 다룰 때는 보안이 진짜 중요해. 디지털 화폐는 은행이 지켜주는 게 아니라 나 혼자 관리해야 하니까 조금이라도 방심하면 큰일 날 수 있어. 디지털 지갑을 사용할 때 비밀번호를 잘 보관하지 않으면 돈을 영원히 잃을 수도 있다는 건 이미 배웠지? 실제로 자기 지갑 비밀번호를 깜박해서 수억 원어치의 비트코인을 못 찾게 되는 일도 발생하고 있어.

또 스마트폰이나 컴퓨터에 이상한 앱을 깔면 해커가 그걸 통해 돈을 훔쳐 가는 사건들도 발생해. 가장 최근에는 북한 해커들이 거래소 관계자들의 컴퓨터를 해킹해 무려 2조 원어치 이더리움을 탈취했다는 보도도 있었어.

SNS에서도 조심해야 해. 가짜 사이트에 들어가서 지갑 비밀번호를 입력하면 순식간에 자금이 사라질 수도 있어. 그러니까 디지털 지갑을 쓸 때는 보안 설정을 꼭 확인하고, 비밀번호는 안전한 곳에 보관하거나 절대 잊지 않을 곳에 저장해 둬야 해. 비밀번호를 내 이메일로 보낸다거나 내 휴대폰 메모장에 그냥 적어두는 것은 해커들에게 너무 쉽게 내 자산을 가져가라고 하는 것과 마찬가지야.

또 스마트폰으로 비트코인이나 이더리움과 같은 자산을 거래할 때는 공용 와이파이를 조심해야 해. 해커들이 공용 와이파이를 통해서 지갑을 탈취하는 일도 종종 발생하기 때문이야.

똑똑한 경제 습관으로 미래를 준비하자 ─────────○

이렇게 금융 지식을 배우고, 투자 전에 공부하고, 보안을 철저히 하면 미래 금융 생활이 훨씬 편해질 거야. 디지털 화폐나 새로운 기술이 점점 많이 등장할 텐데, 그때마다 당황하지 않고 잘 써먹으려면 지금부터 준비하는 게 중요하지.

작은 습관부터 시작해 보자. 먼저 매일 경제 뉴스를 조금씩 살펴보는 거야. 보면서 "오늘 비트코인은 왜 올랐을까?" 또는 "왜 내렸을까?"를 생각해 보는 거지. 또 용돈을 쓸 때는 "이걸 지금 꼭 써야 하나, 아니면 모아서 나중에 더 좋은 데 쓸까?"를 고민해 보는 것도 좋아. 디지털 지갑을 사용한다면 "내 비밀번호는 안전한가?" 하며 수시로 점검하는 태도도 중요해. 이런 작은 습관이 쌓이다 보면 나중에 큰돈을 다룰 때도 흔들리지 않을 거야.

미래는 우리가 어떻게 준비하느냐에 따라 달라져. 지금 똑똑한 경제 습관을 만들어두면 디지털 세상에서도 슬기롭게 살아갈 수 있어. 돈을 버는 것도 중요하지만, 잃지 않고 지키는 게 더 큰 기술이거든. 금융 지식을 쌓고, 조심스럽게 투자하고, 내 정보를 안전하게 관리하면서 한 걸음씩 나아가보자. 어떤 디지털 화폐나 디지털 기술이 등장해도 내가 똑똑하게 다룰 수만 있다면 미래는 훨씬 밝아질 거야!

디지털 화폐 시대를 살아갈
10대에게

지금의 어른들이 어렸을 때는 사실 돈이라는 게 정말 단순했어. 지갑에 있는 현금과 집에 있는 돈이 전부였지. 심지어 월급을 받을 때도 돈봉투에 현금을 받아 가져가는 식이었어. 너희가 살아가는 현재의 돈과는 모습이 꽤 다르지. 그리고 장담하건대 곧 다가올 미래에는 완전히 달라질 거야.

예전에는 친구와 만나려면 약속 장소와 시간을 미리 정해야만 만날수 있었어. 이제는 스마트폰으로 메시지를 실시간으로 주고받으며 쉽게 약속을 정하고 만날 수 있게 되었지. 우리가 지금까지 공부한 비트코인과 같은 디지털 화폐도 스마트폰과 같은 힘을 가지고 있어. 디지털화폐는 아마도 앞으로 우리가 돈을 바라보는 관점을 크게 바꿀 거야.

내가 이 책을 쓴 이유도 너희들이 이런 변화를 미리 알고 준비했으면해서야. 이렇게 생각해 보자. 새로운 게임을 시작하기 전에 미리 게임의 규칙과 특성을 알고 어떤 공략법이 있는지 알면 게임을 하기가 좀더 수월하겠지? 돈이 어떻게 움직이고 어떻게 발전하는지 알면 나중에 너희가 하고 싶은 일을 하는 데도 도움이 될 거야.

그렇다고 너무 미리부터 걱정하지는 마. 지금 당장 모든 게 다 이해되지 않더라도 괜찮아. 중요한 건 이런 변화가 일어나고 있다는 걸 알고 하나씩 천천히 배워나가는 자세야. 나중에 너희가 어른이 될 때쯤이면 이런 새로운 디지털 화폐의 세계가 일상이 되어 있을 테니까.

마지막으로 하나만 더 이야기할게. 새로운 걸 배우는 것이 때로는 어렵고 힘들 수도 있어. 하지만 이건 내 미래를 위해 엄청 중요한 준비라고 생각해 주면 좋을 것 같아. 돈이 세상에서 가장 중요한 것은 아니지만 우리가 살아가는 데 돈이 가지는 역할과 의미는 생각보다 크기 때문이야. 마치 운동선수가 힘든 훈련을 하면서 미래의 경기를 준비하는 것처럼, 우리도 돈이 발전해 나가는 과정을 살피며 미래의 디지털 화폐가 가지는 의미를 배워가는 거지.

너희는 우리가 상상하지 못할 멋진 미래를 만들어갈 주인공이야. 이 책이 너희가 미래를 준비하는 데 조금이라도 도움이 되면 좋겠어. 함께 배우고 성장하는 이 여행이 즐거운 추억이 되기를 바라면서, 이 이야기는 여기에서 마칠게. 다음에 또 재미있는 이야기를 들려줄게!

_ 제이 선생님이

10대를 위한 비트코인과 화폐의 역사

1판 1쇄 인쇄 2025년 6월 4일
1판 1쇄 발행 2025년 6월 13일

글　　　　　김지훈
그림　　　　김혜원
발행인　　　김형준

총괄　　　　김아롬
편집　　　　박시현, 이의정, 최문주, 허양기
디자인　　　최치영
온라인 마케팅 허한아
마케팅　　　진선재

발행처　　　체인지업북스
출판등록　　2021년 1월 5일 제2021-000003호
주소　　　　경기도 고양시 덕양구 원흥동 705, 306호
전화　　　　02-6956-8977
팩스　　　　02-6499-8977
이메일　　　change-up20@naver.com
홈페이지　　www.changeuplibro.com

ⓒ 김지훈, 2025

ISBN　　　979-11-91378-74-0(43300)

체인지업북스는 내 삶을 변화시키는 책을 펴냅니다.